LES
HOMMES CÉLÈBRES

ÉTRANGERS

PAR

CH. HYGIN-FURCY

Rédacteur en chef du *Nouveau Journal des Connaissances utiles*

PARIS

N. J. PHILIPPART, ÉDITEUR

4, RUE HONORÉ-CHEVALIER, 4

ET DANS LES DÉPARTEMENTS

CHEZ TOUS LES LIBRAIRES

TABLE DES MATIÈRES

	Pages.		Pages.
Bacon (François)	3	Milton	35
Beethoven	4	Montecuculli	36
Byron (lord)	6	Morus (Thomas)	38
Camoëns	7	Mozart	39
Canova	8	Murillo	40
Cassini	9	Newton	41
Cervantès	10	Pellico (Silvio)	42
Colomb (Christophe)	11	Penn (William)	43
Cook	13	Pestalozzi	44
Cortez (Fernand)	14	Pétrarque	45
Dante Alighieri	16	Poniatowski	46
Eyck (Jean Van)	17	Raphaël	47
		Rembrandt	48
Gall	19	Rubens	50
Gengis-Khan	20	Ruyter	51
Juan d'Autriche (don)	20	Salvator Rosa	52
Kosciusko	21	Shakespeare	53
		Sobieski (Jean)	55
Lavater	23		
Linné	25	Tasso (Torquato)	56
Lope de Vega	26	Tell (Guillaume)	58
Marco Polo	27	Titien	59
Marlborough	30	Van Dyck	60
Mas Aniello	31	Vinci (Léonard de)	61
Médicis (Côme de)	32	Wallace	62
Métastase	33	Washington	63
Michel-Ange	34		

Imprimerie de L. Toinon et Cie, à Saint-Germain-en-Laye.

LES
HOMMES CÉLÈBRES
ÉTRANGERS

BACON (François). — C'est à Londres, en 1561, que naquit François Bacon. Dès son enfance, il fit preuve d'un esprit supérieur, et la rapidité de ses progrès dans toutes les sciences étonna ses professeurs : à seize ans, il composa un écrit remarquable sur la philosophie d'Aristote.

Envoyé en France à la suite de l'ambassadeur Powlet, celui-ci conçut pour lui une telle estime, qu'il lui confia, malgré sa jeunesse, une mission secrète exigeant beaucoup de tact et de célérité. Bacon la remplit avec tant d'adresse, qu'il en reçut des félicitations de la part de la reine Élisabeth. Il revint en France, où il parcourut diverses provinces en s'instruisant des mœurs et des lois du pays. Il fit alors paraître un ouvrage intitulé : *de l'État de l'Europe*, lequel marque la profondeur de son jugement.

Bacon se livra tout entier à la jurisprudence, et fut nommé, à l'âge de vingt-huit ans, conseiller extraordinaire de la reine. Son talent paraissait le destiner aux plus grands emplois; mais, le comte d'Essex, son protecteur, étant tombé en disgrâce, Bacon dut souffrir de l'inimitié qui existait entre Burleigh et le noble comte.

Il est fâcheux de constater que non-seulement Bacon abandonna son bienfaiteur au moment du danger, mais qu'en outre, dans la crainte de perdre sa place, il plaida contre lui sans y être obligé, ce qui le flétrit dans l'opinion publique et lui nuisit auprès d'Élisabeth elle-même. Il retrouva quelque dignité lorsque, choisi en 1593 pour siéger à la chambre des communes, il vota pour le pacte populaire, bien qu'il fût au service de la couronne.

Les ouvrages de Bacon lui ayant acquis une grande réputation, Jacques Ier, qui aimait à protéger les lettres, lui accorda les honneurs de la chevalerie et une magnifique pension. Il fut nommé, en 1607, solliciteur général, puis garde des sceaux, et créé, en 1619, lord grand chancelier d'Angleterre; il arriva ainsi à l'apogée des dignités et de la fortune.

Non-seulement Bacon fut un grand métaphysicien, mais il donna sur la physique des aperçus qui ont prouvé qu'il avait été sur la voie de découvertes très importantes; il avait imaginé une sorte de machine pneumatique et avait indiqué clairement l'attraction newtonienne, aussi bien que la gravitation réciproque des corps. Son *Traité de la vie et de la mort* montre qu'il était savant en médecine, et ses *Aphorismes*, qu'il avait approfondi l'étude de la philosophie.

Ce grand homme mourut en 1626, laissant une brillante réputation comme homme d'Etat, métaphysicien, moraliste et écrivain. La conduite qu'il tint envers le comte d'Essex ternit, aux yeux de la postérité, la gloire qu'il s'est acquise, et ne peut avoir d'excuse même par l'état de misère auquel il était alors réduit.

BEETHOVEN. — Ludwig Van Beethoven naquit à Bonn, en 1771. Son père y remplissait l'emploi de ténor dans la chapelle électorale. Dès l'âge de cinq ans, la musique lui fut enseignée; il y fit de si rapides progrès, que tour à tour élève de Vander Eden, organiste de la cour, et de Neefe, il avait à l'âge de onze ans un talent très remarquable comme exécutant et s'essayait dans la composition. Tout jeune encore, il fut nommé organiste de l'Electeur en remplacement de Neefe, qui venait de mourir. Beethoven acheva ses études théoriques et pratiques sous le célèbre Haydn, lequel se méprit sur le talent de son élève, qu'il ne croyait pas né pour la composition et qui cependant donna bientôt les preuves d'une verve puissante, d'une richesse d'imagination intarissable, jointes au plus beau talent d'instrumentation et d'harmonie.

Notre jeune compositeur fut très bien accueilli par Mozart, qui devina ce qu'il serait un jour et dit, après l'avoir entendu, à ses amis assemblés : « Voyez ce jeune homme, un jour vous entendrez parler de lui. »

Beethoven se fixa à Vienne, et son mérite l'y fit bien vite apprécier ; à l'âge de vingt-quatre ans il publia ses trios pour piano, violon et violoncelle, et ces admirables productions furent suivies d'une foule d'autres dont la conception grave et profonde possède un cachet d'originalité inimitable. Il eut le bonheur d'être admiré et apprécié par ses contemporains. Le prince Lichnowski le logeait dans son hôtel. Quatre princes se réunirent pour lui faire une pension de quatre mille florins et le fixer en Autriche, quand Jérôme Bonaparte, roi de Westphalie, voulut l'avoir pour maître de chapelle.

Une maladie cruelle, si l'on considère surtout la nature de son talent, accabla ce grand homme : une surdité presque complète lui rendit à jamais l'existence pénible. Le désespoir qu'il en éprouva le rendit irritable à l'excès, il s'éloigna du monde et rechercha la solitude.

Il reporta toutes ses affections sur son neveu et n'était préoccupé que de son avenir, quand ce jeune homme par sa mauvaise conduite acheva d'empoisonner l'existence du grand artiste. Beethoven faillit devenir fou quand l'Université de Vienne chassa de son sein ce neveu rebelle, qui fut obligé de s'engager dans l'armée autrichienne.

Le chagrin altéra la santé du compositeur : une inflammation du poumon se déclara et la science ne put le sauver, il succomba en 1827, âgé de cinquante-six ans. La ville de Vienne lui fit de magnifiques obsèques, et sa mort fut un deuil pour tous les amis des arts.

Un contemporain (1) a dit avec justesse : « Beethoven a surpassé dans ses improvisations les compositions vul-

¹ M. d'Ortigue.

gaires de toute la distance qui sépare le travail de l'inspiration : cet étonnant musicien, ce compositeur toujours nouveau, capricieux, bizarre par fois, de peur de se répéter ou de ressembler aux autres, a trouvé dans les ressources de son génie un supplément à ce qui pouvait lui manquer. C'est un fleuve qui gronde dans les bornes qui le retiennent, car il crée les règles dont il se joue sans pourtant les briser et sans épuiser sa fécondité; rien n'arrête sa fougue impétueuse. »

BYRON. — Georges Gordon Byron, issu d'une famille dont l'ancienneté remonte à Guillaume le Conquérant, naquit à Londres, en 1788. Un grave accident le rendit boiteux dès son enfance, et, malgré tous les remèdes et les soins de la chirurgie, ce défaut physique ne put être corrigé. Il montra dès son jeune âge un caractère vif et hautain, une imagination ardente, et s'enorgueillit de bonne heure du titre de lord que la mort de son oncle lui laissa lorsqu'il n'avait encore que dix ans.

Envoyé à la célèbre école de Harrow, Byron y fit peu de progrès d'abord ; cependant il prit goût à l'étude, médita sur les classiques grecs et latins et devint un des élèves distingués de cette institution. Malgré son infirmité, nul n'était plus agile, plus hardi et plus querelleur.

Le jeune lord, ayant achevé ses études à Cambridge, publia ses premiers vers en 1808, sous le titre d'*Heures d'oisiveté*. Ce recueil, quoique renfermant des vers remarquables, resta longtemps inconnu, et le jeune homme, quelque peu découragé, se livra à toute la fougue des passions, à tout l'entraînement de la jeunesse.

Byron partit pour Lisbonne, parcourut l'Espagne et l'Albanie, traversa la Morée et visita Athènes. Il vit Smyrne, Constantinople, où il eut la hardiesse de traverser l'Hellespont à la nage, pour vérifier par son exemple l'histoire poétique de Héro et Léandre.

Pendant ses voyages, le jeune lord prenait des notes sur les pays qu'il traversait, rassemblait des matériaux, et traçait déjà les œuvres qui devaient illustrer son nom.

Revenu en Angleterre il publia *Child-Harold*, qui dès son début excita un enthousiasme universel. Bientôt le *Giaour*, la *Fiancée d'Abydos*, le *Corsaire*, établirent sa réputation comme écrivain.

Byron contracta une union qui ne fut pas heureuse. D'un autre côté, ayant des dettes qu'il ne pouvait payer, il voulut quitter à jamais sa patrie et s'exila sur le continent : il visita la Belgique, la Suisse, puis l'Italie, et, enflammé par le désir de libérer la Grèce de l'esclavage de la Porte Ottomane, il se rendit à Missolonghi à travers mille dangers, se mettant à la tête d'une bande de Souliotes, soldats pillards, par lui réunis à grands frais. La guerre, les privations et surtout le climat minèrent la santé de lord Byron, et il mourut après une courte maladie, en 1824, à peine âgé de trente-six ans.

Le génie poétique de Byron le place au premier rang parmi les écrivains anglais ; mais il est à regretter que son scepticisme ternisse quelquefois ses plus belles compositions.

CAMOËNS. — Don Louis Camoëns naquit à Lisbonne, en 1517 ; il vint à la cour du roi Emmanuel pendant les premières années du règne de ce prince, quand le Portugal était à l'apogée de sa puissance et presque à la tête de la civilisation européenne.

Camoëns, poëte galant et spirituel, s'attira quelques mauvaises querelles par son esprit satirique et fut exilé de la cour. Il passa alors en Afrique, pour servir dans l'armée navale qui porta secours à Ceuta ; il perdit un œil dans cette campagne, et, de retour en Portugal, poursuivit le cours de sa vie aventureuse en s'embarquant pour Goa.

Son humeur querelleuse le fit encore exiler de Goa, et il languit quelques années dans un coin de terre barbare sur les frontières de la Chine, où les Portugais avaient un petit comptoir, qui devint par la suite la ville de Macao. C'est là qu'il composa son magnifique poëme sur la découverte des Indes, intitulé les *Lusiades*, ouvrage renfermant de grandes beautés et qui malheureusement, n'est pas aussi connu qu'il mérite de l'être.

Camoëns, voulant retourner à Goa, fit naufrage sur les côtes de la Chine et n'échappa à la tempête, dit-on, qu'en nageant d'une main et tenant son poëme de l'autre. La fortune continua à le poursuivre de ses rigueurs ; il fut emprisonné pour dettes, puis abreuvé d'humiliations et de dégoûts ; enfin il revint à Lisbonne vieilli avant l'âge et affaibli par les fatigues et les privations.

Il s'occupa de la publication de son poëme épique, qui, dès qu'il parut, produisit une grande sensation, sans toutefois apporter aucun soulagement à sa situation. On lui accorda cependant une pension d'environ 800 francs de notre monnaie, en récompense des services rendus à sa patrie comme militaire ; mais bientôt cette pension fut supprimée, et Camoëns, réduit à la plus affreuse misère, fut obligé de vivre d'aumônes, qu'un esclave, qui l'avait suivi des Indes, recueillait chaque soir à sa porte.

Le chagrin et la maladie usèrent ce corps déjà miné par la misère. Le grand homme entra dans un hôpital, où il mourut en 1579, à l'âge de soixante-deux ans. A peine fut-il mort, que le Portugal, rougissant de son ingratitude envers l'un de ses plus grands citoyens, fit graver sur son tombeau : « Ici repose Louis Camoëns, prince des poëtes de son temps. » Tardif hommage rendu au génie qui, par son œuvre, appartient à la postérité...

CANOVA. — Antonio Canova naquit à Possagno, près de Venise, en 1747. Il montra dès son enfance son aptitude pour la sculpture, fit à l'âge de douze ans un lion en beurre, et exécuta à dix-sept une statue en marbre représentant Eurydice : il remporta plusieurs prix à l'Académie des Beaux-Arts de Venise, et fut envoyé à Rome, en 1779, aux frais du sénat vénitien.

Son *Mausolée de Clément XIII* et les *Deux Pugilateurs* lui acquirent une grande renommée ; mais, en 1798, la guerre le força d'abandonner sa patrie pour accompagner le prince Rezzonico dans un voyage en Allemagne. A son retour, il exécuta la statue de *Persée tenant la tête de Méduse*, laquelle fut achetée par le Pape et placée au Vatican.

Quand il eut produit sa statue de *Mars pacificateur*, Pie VII le créa chevalier romain, et lui attacha lui-même les marques de cette distinction.

Napoléon Ier appela Canova en France, l'accueillit de la manière la plus flatteuse, et lui fit la commande de son buste. La classe des Beaux-Arts de l'Institut l'admit au rang de ses associés étrangers. L'artiste repartit pour Rome, puis revint à Paris, en 1815, comme ambassadeur du Pape, et dans le but de présider à l'enlèvement des objets d'art que nos succès nous avaient fait transporter d'Italie, et qui, par les vicissitudes de la guerre, devaient retourner dans la ville éternelle.

Canova visita l'Angleterre ; puis, à son retour dans sa patrie, fut créé marquis d'Ischia, avec une pension de 3,000 écus romains. Il a produit un grand nombre d'œuvres, dont les principales, après celles que nous avons citées, sont : l'*Amour et Psyché*, *Psyché enfant*, *Madeleine repentante*, *Vénus sortant du bain*, le *Mausolée de Marie-Christine, archiduchesse d'Autriche*, et la *Concorde*.

Cet artiste imita fidèlement la nature, et reproduisit dans ses ouvrages les beautés de l'antique. On peut le considérer comme un des plus grands sculpteurs modernes.

Canova mourut à Venise, le 22 octobre 1822, à l'âge de soixante-quinze ans.

CASSINI. — Né près de Nice, en 1625, Jean-Dominique Cassini s'adonna à l'astronomie, et se fit bientôt connaître par ses découvertes. Appelé par Colbert en France, en 1668, il fut accueilli avec distinction par Louis XIV, qui lui donna une pension proportionnée à son mérite et aux sacrifices que le grand astronome fit en consentant à abandonner l'Italie, où le pape Clément IX lui offrait les plus grands avantages.

Cassini immortalisa son nom par sa méridienne de Sainte-Pétrone, à Bologne, qui servit à faire voir les variations de la vitesse du mouvement de la terre autour du soleil. — On lui doit aussi les premières tables des satellites de Jupiter ; la connaissance de la rotation de Jupiter et de Mars ou de la durée de leurs jours ; la découverte des quatre satellites de Saturne. — Cette découverte fournit l'occasion de frapper une médaille en l'honneur du grand astronome, qui, vers la même époque, observa et fit connaître la lumière zodiacale.

Cassini eut une longue et heureuse carrière, mais il eut le malheur de devenir aveugle vers la fin de ses jours ; il accepta cette infirmité avec une grande résignation et presque avec gaieté ; il mourut en 1712, à l'âge de quatre-vingt-sept ans, laissant un fils digne de lui, qui lui succéda à l'Académie des sciences.

CERVANTÈS. — Plusieurs grandes villes d'Espagne se sont disputé l'honneur d'avoir vu naître Miguel Cervantès Saavedra ; mais les meilleurs biographes s'accordent à fixer le lieu de sa naissance à Alcala de Hénarès, dans la Nouvelle-Castille, en l'année 1547.

Son père, pauvre gentilhomme, lui fit donner une excellente éducation, et désirait en faire un ecclésiastique : Cervantès voulait être littérateur ; il tomba dans le plus complet dénûment, et fut obligé de devenir valet de chambre chez le cardinal Aquaviva. Il s'engagea alors comme simple soldat, et se battit vaillamment à la bataille de Lépante, où il reçut un coup de feu à la main gauche, dont il resta estropié pour le reste de ses jours. A peine guéri dans l'hôpital de Messine, il passa à Naples, et fit partie de la garnison de cette ville. Trois ans s'écoulèrent, et Cervantès, s'étant rembarqué pour revenir en Espagne, fut pris et conduit à Alger par un bâtiment corsaire. Devenu l'esclave d'un maître cruel et endurant mille tortures, il prit l'énergique résolution de se soustraire à l'esclavage ; quatre fois il essaya, et quatre fois échouant, malgré les plus héroïques efforts, fut sur le point d'être empalé. Le dey, étonné de son courage, lui fit grâce de la vie, à cause de son intrépidité.

Ce fut la mère de Cervantès qui, pour le racheter, vendit tout ce qu'elle possédait, réunit 300 ducats et les remit aux Pères de la Trinité chargés de la rédemption des captifs. Cet argent étant loin de suffire, les bons religieux complétèrent la somme nécessaire pour la rançon, et le pauvre esclave revint en Espagne en 1580, après cinq ans de captivité.

De retour dans sa patrie, Cervantès, abandonnant la vie militaire, vint habiter près de sa mère, et se livra aux lettres, dans le but de se créer des ressources. Il avait alors trente-trois ans. Il débuta par *Galathée*, roman pastoral. Il se maria peu de temps après à une femme noble, mais pauvre, et fut obligé de faire de mauvaises comédies qui lui donnèrent à peine le strict nécessaire, jusqu'à ce qu'il obtînt à Séville un emploi de peu d'importance, il est vrai, mais qui assura momentanément son existence.

Ce n'est qu'à l'âge de cinquante ans qu'il publia la première partie de *Don Quichotte*, qui d'abord n'eut aucun succès. Peu à peu le public apprécia cette œuvre si originale, et, dix ans après, Cervantès en publia la seconde partie. Les frais que l'impression l'obligea à faire le mirent dans un état voisin de la misère ; heureusement le comte de Lémos et le cardinal de Tolède vinrent à son secours, et empêchèrent cet homme de génie d'être réduit à entrer dans un hôpital. Il dédia au comte de Lémos son roman de *Persilles* et de *Sigismonde*, se montra toujours reconnaissant envers ses bienfaiteurs, il mourut, le 23 avril 1616, avec le calme et le sang-froid héroïques qu'il avait montrés pendant tout le cours de son existence tourmentée et laborieuse.

Le chef-d'œuvre de Michel Cervantès est son *Don Quichotte*, livre à jamais mémorable par la raison, la gaieté, la fine ironie qui y est répandue, aussi bien que par l'extrême vérité des portraits, la pureté et le naturel du style.

COLOMB. — Christophe Colomb, fils d'un cardeur de

laine, naquit à Gênes, en 1442 : cet homme extraordinaire devina qu'il existait un autre hémisphère, et conçut le projet de le découvrir. — Taxé de fou et de visionnaire, il fut rebuté et repoussé aussi bien par sa patrie que par le roi de Portugal ; ce furent Isabelle et Ferdinand le Catholique qui, pour l'aider à accomplir son projet, lui accordèrent trois vaisseaux. Il eut besoin de toute sa constance, de tout son courage, pour résister aux misères et aux tourments de ce voyage pénible ; enfin, après avoir quitté les Canaries, il découvrit, au bout de trente-trois jours, l'une des Lucayes en 1492, et cet homme, qu'un instant auparavant ses matelots voulaient mettre à mort, fut salué par eux, amiral et vice-roi. Après avoir découvert l'île de Cuba, il revint en Espagne, reçut du roi et de la reine l'accueil le plus flatteur, et fut anobli avec toute sa postérité.

Les incrédules, qui avaient ri de Colomb, furent les premiers à lui adresser leurs louanges, et sa fortune semblait devoir être éternelle. — Le hardi navigateur partit de nouveau en 1493 avec dix-sept vaisseaux ; il découvrit les Caraïbes, la Jamaïque ; mais, à son retour, ses ennemis réussirent à le perdre dans l'esprit du roi d'Espagne. Ce monarque, craignant qu'il ne voulût s'emparer des pays qu'il avait découverts, le retint quatre ans dans l'inaction : enfin, étant parvenu à faire un troisième voyage en Amérique, en 1498, il découvrit le continent américain, parcourut toute la côte de l'Amérique méridionale, depuis l'embouchure de l'Orénoque jusqu'à Caracas ; il poussa jusqu'au golfe de Darien dans sa quatrième et dernière expédition, en 1502. Colomb, remplacé dans son commandement par Bovadilla, fut renvoyé en Espagne chargé de fers, après avoir été retenu quatre ans prisonnier. Il mourut, à Valladolid, à l'âge de soixante-quatre ans.

Christophe Colomb est un des plus grands génies des temps modernes ; il reste inexplicable pour l'histoire que l'honneur de donner un nom au nouveau continent ait été réservé à Améric Vespuce.

COOK. — Jacques Cook naquit à Marton, village du comté d'York, en 1728. Son père était surchargé de famille ; un riche propriétaire des environs prit soin du jeune Jacques, dont la bonne volonté et l'intelligence étaient remarquables : il lui fit donner les premiers éléments de l'instruction, et, dès l'âge de treize ans, le fit placer chez un marchand de Staith, près de Newcastle.

Le voisinage de la mer révéla au jeune homme sa véritable vocation, et l'état de marin devint son rêve, l'unique objet de ses vœux. Il s'engagea comme novice et navigua ensuite comme matelot jusqu'à l'âge de vingt-sept ans. Il servit sur le vaisseau l'*Aigle* lorsque les Anglais firent la guerre aux Français, et donna des preuves de sa bravoure. Par suite de sa belle conduite, il fut embarqué sur le *Mercury* en qualité de *master*, et partit pour le Canada à l'époque où Quebec était assiégé par le général Wolf. Cook sonda le canal au nord de l'île d'Orléans avec une rare intelligence et fut chargé de faire la carte du cours du fleuve Saint-Laurent. Il s'acquitta avec talent de cette mission et, reconnaissant lui-même combien son éducation primitive était insuffisante pour arriver au but qu'il se proposait, il revint en Europe et, dans une seconde campagne qu'il fit en Amérique, il se livra au milieu des agitations de sa vie de marin, à l'étude de l'astronomie et des diverses sciences indispensables au navigateur. — Sa force de volonté, sa patience et son mérite lui firent faire des progrès étonnants.

Il dressa, en 1764, le plan des côtes de l'île de Terre-Neuve et fut chargé d'une expédition scientifique dans les îles du grand Océan ; il prit le commandement de l'*Endeavour* et eut le brevet de lieutenant de vaisseau. Il découvrit le premier les côtes de la Nouvelle-Zélande et eut connaissance de la pointe nord de l'entrée du détroit qui sépare la Nouvelle-Hollande de la Terre de Van Diemen.

A son retour, Cook fut promu au grade de commandant de vaisseau et partit avec deux navires, *la Résolution* et *l'Adventure* pour vérifier l'existence des terres australes : il découvrit la Nouvelle-Calédonie et fit la reconnaissance de l'archipel du Saint-Esprit, de Quiros. Cette seconde expédition le couvrit de gloire, et il reçut du roi d'Angleterre le grade de capitaine de vaisseau et un emploi dans l'administration de l'hôpital de Greenwich.

Les succès de Cook lui firent accepter avec joie la conduite d'une troisième expédition, ayant pour but de vérifier s'il était possible de pénétrer dans le grand Océan, connu sous le nom de mer du Sud, par la baie d'Hudson, et s'il existait un passage entre le nord de l'Amérique et de l'Asie. Il partit en 1776 avec la *Résolution* et la *Découverte*, découvrit la partie occidentale des îles Sandwich, et fit une foule d'observations géographiques et astronomiques de la plus haute importance. — Etant retourné sur ses pas, parce que les glaces l'arrêtaient à 70° 44' de latitude, Cook revint aux îles Sandwich et relâcha à l'île d'Owhihée, où, une querelle s'étant élevée entre les naturels et les hommes de son équipage, il fut tué par derrière d'un coup de poignard au moment où il cherchait à apaiser le tumulte.

Ce malheureux événement, qui enleva un grand homme à la science eut lieu le 14 février 1779 ; Cook était âgé de cinquante et un ans.

Cet illustre marin possédait la hardiesse unie à la plus grande prudence ; il était calme, ferme, plein de présence d'esprit dans le danger ; franc et humain quoique très emporté. Aucun navigateur n'a rendu plus de services à la géographie par ses découvertes.

CORTEZ. — Fernand Cortez naquit en 1485, dans l'Estramadure. Ses parents le destinaient au barreau, il préféra la vie militaire et servit sous Gonzalve de Cordoue. A la suite d'une dangereuse maladie, il partit pour les Indes occidentales, qui étaient alors une source de gloire et de richesse pour les Espagnols.

Fernand Cortez s'embarqua pour Saint-Domingue, dont un de ses parents était gouverneur. Après avoir occupé divers emplois, il partit pour une expédition à Cuba où il accompagna Diego Velasquez : il fut nommé alcade de Santiago, et déploya du courage et des talents en plus d'une circonstance. Le lieutenant de Velasquez, Grivalja, venait de découvrir le Mexique, mais sans oser s'y établir ; le gouverneur de Cuba, mécontent de cet officier, confia à Cortez le soin d'une expédition pour s'assurer la conquête du pays nouvellement découvert.

Fernand partit de Santiago avec six à sept cents Espagnols, dix vaisseaux, dix-huit chevaux et quelques pièces de canon. Il débarqua, s'empara de la ville de Tabasco, et, profitant de la terreur qu'inspiraient ses armes à feu, il intimida et vainquit les armées innombrables des Indiens, pour qui l'aspect seul des Espagnols et des machines mouvantes qui les portaient sur l'Océan était un sujet d'étonnement et d'effroi.

Fernand Cortez jeta les fondements de la Vera-Cruz, se fit élire capitaine général de la colonie, et, suivi d'une poignée d'hommes seulement, arriva jusqu'à Mexico, où le monarque indien Montezuma, aussi effrayé qu'indécis, le reçut avec pompe en le prenant pour le fils du Soleil. Le hardi conquérant fut bientôt dans la plus embarrassante situation et sur le point d'être massacré par les Mexicains, qui découvrirent enfin ses projets ambitieux. Cortez s'empara de Montezuma, et, quand il le tint en son pouvoir, le fit consentir à tout ce qu'il voulut, en se rendant maître de l'autorité. Il eut à combattre contre ses soldats eux-mêmes que la jalousie d'un chef souleva contre lui ; mais, vainqueur de ses ennemis et des Indiens, Fernand Cortez montra partout une bravoure remarquable et une prudence digne des plus grands éloges ; la relation de ses victoires excita en Espagne l'admiration de ses compatriotes et lui fit pardonner l'irrégularité de ses opérations et le blâme qu'il avait encouru en dépassant les ordres qu'il avait reçus de Velasquez. Fernand fut nommé par Charles-Quint gouverneur du Mexique ; bientôt il organisa la colonie, fit sortir Mexico de ses ruines et consolida en ce pays la domination espagnole.

La cour de Madrid prit ombrage de plusieurs de ses

actions et le conquérant, dont on craignait l'ambition et la popularité, fut surveillé par des commissaires royaux et entravé dans ses opérations ; bien plus ses biens furent saisis par ordre du procureur fiscal des Indes. Cortez, indigné de l'ingratitude de son souverain, vint lui-même en Espagne pour demander justice. L'empereur le reçut avec honneur et le décora de l'ordre de Saint-Jacques ; mais Cortez retourna au Mexique presque sans autorité, car un vice-roi fut chargé de la direction des affaires civiles.

Voulant faire taire l'envie par de nouveaux titres à la reconnaissance de ses concitoyens, il découvrit en 1536 la grande péninsule de la Californie, et reconnut une partie du golfe qui la sépare de la Nouvelle-Espagne, mais tout fut inutile. Fernand Cortez vit que Charles-Quint écoutait les calomnies que ses ennemis inventaient pour le perdre dans l'esprit de ce prince, il revint en Espagne, fut reçu très froidement par l'empereur, combattit cependant vaillamment comme volontaire dans l'expédition contre Alger, et se vit complétement oublié par le monarque au point qu'il ne put en obtenir une audience.

Un jour le conquérant du Mexique fendit la presse qui entourait la voiture de l'empereur, et, lorsque Charles-Quint étonné lui demanda : « Qui êtes-vous ? » il répondit avec fierté : « Je suis un homme qui vous a donné plus de provinces que vos pères ne vous ont laissé de villes. »

Cortez, abreuvé de dégoûts, acheva le reste de ses jours dans l'abandon et mourut près de Séville en 1554 dans sa soixante-neuvième année. — Ses compatriotes ne lui rendirent justice qu'après sa mort, ingratitude dont l'histoire des grands hommes ne nous présente que de trop fréquents exemples.

DANTE ALIGHIERI. — Dante Alighieri naquit à Florence en 1265. Il était le fils d'un jurisconsulte distingué qui lui fit donner une excellente éducation ; il eut pour maître Brunetto Latini, auteur célèbre de ce temps.

Alighieri, entraîné par son imagination brillante, se livra à la poésie, et ses succès lui acquirent une grande réputation. Forcé de se mêler aux dissensions qui déchiraient sa patrie, il se distingua à la bataille de Campoldino, livrée par les Florentins aux Arétins. — Il assista également à la prise de la citadelle de Caprona.

Dante se maria en 1292 à Gemma Donati, héritière d'une famille noble et puissante. Le poëte fut chargé de plusieurs missions : il exerça la magistrature à Florence et fut envoyé en ambassade à Rome. Les discordes civiles le firent exiler et bannir de sa patrie ; il dut abandonner femme, enfants et fortune. Réduit au sort le plus misérable, il erra à Sienne, à Bologne, à Vérone ,et c'est au milieu de ces vicissitudes que parut l'*Enfer*, la première partie de son grand poëme.

Alighieri vint en France, il étudia même à l'Université célèbre de Paris : désireux de revoir son ingrate patrie, il fit de nouveaux efforts pour y rentrer : il publia le *Purgatoire* et le *Paradis*, complétant ainsi l'œuvre gigantesque qu'il avait commencée. Enfin, après une vie très agitée, il mourut à Ravenne en 1321.

Boccace a tracé le portrait de cet éminent poëte, et nous le reproduisons ici comme étant peu connu : «Dante était d'une stature moyenne ; il avait le visage long, le nez aquilin, les yeux grands et beaux, le menton allongé, sa lèvre inférieure débordait sa lèvre supérieure; il était très brun de visage, et sa barbe ainsi que ses cheveux noirs et épais donnaient un air sombre à sa physionomie.

— Sa figure était mélancolique et pensive : il parlait très rarement; néanmoins, quand il le fallait, il était très éloquent.

Dante est un des plus grands hommes de l'Italie, et son poëme de la *Divine Comédie* doit être considéré comme un des plus remarquables chefs-d'œuvre de l'esprit humain.

EYCK (Jean Van). — C'est à Maeseyck, petite ville près de Liége que naquit en 1370 Jean Van Eyck dit Jean de Bruges parce qu'il se fixa en cette cité. «Né, dit un auteur contemporain, à une époque où les connaissances fondamentales de l'art du dessin avaient fait peu de progrès et dans un pays où l'on recherchait plus la perfection des détails que les effets de l'ensemble, il excella dans tous les genres de mérite estimés des Flamands ses compatriotes. »

Jean Van Eyck était l'élève de son frère Hubert et travailla souvent avec lui : ils peignirent ensemble pour Philippe le Bon, comte de Flandres, le célèbre tableau de *l'Adoration de l'Agneau*, qui renferme plus de trois cents figures, de douze à quatorze pouces de proportion, dont la plupart sont des portraits de personnages du temps : cet immense travail les occupa, dit-on, douze ans. Les deux volets de ce chef-d'œuvre qui existent encore à Gand représentent *Dieu le Père*, la *Vierge* et *saint Jean-Baptiste*. Cette composition est excessivement remarquable pour l'époque : les têtes sont expressives et d'un beau caractère ; les accessoires sont rendus avec une rare perfection ; on ne peut que lui reprocher l'exagération des détails et le manque de perspective, défauts inhérents à l'époque où les Van Eyck travaillaient.

Jean de Bruges, considéré généralement comme l'inventeur de la peinture à l'huile, donna connaissance de son procédé à Antonello de Messine, qui l'enseigna aux Vénitiens. Ce qui étonne le plus dans les tableaux de ce peintre, c'est la fraîcheur et l'éclat des tons que le temps n'a pu altérer, et, si Van Eyck n'est point l'inventeur du procédé de peindre à l'huile, il est le premier qui ait exécuté ce travail avec perfection : il semblerait même que son secret, quoique transmis par lui à ses élèves, n'est pas parvenu en entier jusqu'à nous ; car, si son coloris n'a pas l'harmonie des chefs-d'œuvre modernes, il a bien plus de vivacité dans les couleurs.

La vie d'un artiste est toute entière dans ses œuvres : on a peu de détails sur l'existence de Jean Van Eyck. On sait seulement que, son frère Hubert étant mort en 1426, il acheva seul le célèbre tableau dont nous avons parlé plus haut, et qu'il eut une sœur nommée Marguerite, qui comme lui excella dans son art : il laissa un élève nommé

Hugues Van der Goes, qui peignit avec talent dans la même manière que son maître.

On suppose que Van Eyck atteignit un âge avancé ; mais il serait cependant impossible de préciser la date de sa mort.

GALL. — François-Joseph Gall naquit à Tiesenbrunn, en Souabe, en 1758. Son père était marchand et le destinait au commerce; mais sa mère, qui remarquait son aptitude pour les sciences, voulait qu'il embrassât l'état ecclésiastique. Il fut donc placé près d'un de ses oncles, qui commença ses études. Tout enfant encore, il se faisait remarquer par de profondes observations, et les papillons, les insectes et les plantes occupaient ses loisirs. Le jeune homme fit de rapides progrès dans les sciences exactes, continua à étudier à Baden, puis à Strasbourg, où il suivit des cours de médecine.

Ayant été reçu docteur, il vint à Vienne en 1781, et s'y fit remarquer par de grands talents en histoire naturelle et en physiologie. Toutes ses études se portaient sur les fonctions du cerveau, et, convaincu que c'était l'organe unique pour la manifestation des facultés de l'esprit, il localisa les différentes facultés et en fit un système auquel il donna le nom de phrénologie.

C'est en 1796 que Gall enseigna pour la première fois cette doctrine, qui fit grand bruit dès son début. Sans entrer ici dans une appréciation de ce système, qui contient de grandes vérités et de grandes erreurs, nous dirons que le gouvernement autrichien fit fermer les cours de Gall, parce qu'il croyait découvrir que le but de ce système tendait au matérialisme. Ce savant parcourut l'Europe entière ; il fut partout accueilli avec honneur. En France, il ouvrit un cours en 1807, et, quoique la phrénologie n'ait pu être admise comme une science exacte, il n'en est pas moins resté l'opinion que la doctrine de Gall est le fruit de longues études et de profondes observations.

Cet homme illustre, naturalisé français en 1819, fit peu

de temps après un voyage en Angleterre. Il fut enlevé aux sciences en 1828, à l'âge de soixante-dix ans.

GENGIS-KHAN. — C'est en 559 de l'hégire (1163 à 1164 de Jésus-Christ) que naquit Gengis-Khan ou plutôt *Djenguyz-Khan*. Il était le fils d'un simple chef de la race mogole qui commandait à trente ou quarante mille familles. Son père étant mort quand il n'avait que treize ans, il défendit sa petite souveraineté contre les chefs ambitieux qui, méprisant son jeune âge, croyaient pouvoir le renverser. Gengis-Khan les battit complétement, et fit mettre à mort plusieurs personnages importants avec une cruauté inouïe.

L'ambition s'éveilla dans l'âme du jeune chef, qui, après avoir vaincu diverses tribus tartares, s'empara du pays des Oigours, puis projeta la conquête de la Chine, conquête qui l'occupa trois ans. — Il s'empara de Yenking, aujourd'hui Pékin, en 1215, puis fondit sur le Turkestan avec une armée de sept cent mille hommes. Tout plia devant les Mogols, qui saccagèrent Otrar, Farghanah, Ourkendje : ils brûlèrent Bokkara et Samarcande.

Gengis-Khan, après avoir ravagé presque toute l'Asie, et avoir été maître de Tauris jusqu'à Pékin, c'est-à-dire d'un territoire de plus de quinze cents lieues de long, mourut en 1227, âgé de soixante-trois ans. On calcule que ses fureurs et ses massacres ont coûté la vie à plus de cinq millions d'individus de tout âge et de tout sexe. Non-seulement il anéantit une immense quantité de monuments des arts et de manuscrits précieux que renfermaient les villes qu'il brûla, mais, par sa cruauté et son ignorance, il nuisit à l'accroissement de la population et au bonheur de ses sujets.

Une grande partie de ses États passèrent en la puissance de Koublaï, l'un de ses neveux, qu'on regarde comme le fondateur de la dynastie mogole en Chine.

JUAN D'AUTRICHE (Don). — Don Juan d'Autriche, fils de Philippe IV, roi d'Espagne, naquit à Madrid en 1629.

Le monarque portait à cet enfant un tendre attachement, et le reconnut par un acte solennel, en lui faisant donner une éducation digne de son rang.

Nommé grand-prieur de Castille, don Juan prit en 1647 le commandement des troupes en Italie, et, quoique fort jeune encore, se distingua, enleva la ville de Naples aux révoltés, et, passant en Catalogne, soumit Barcelone, dont les habitants s'étaient mis sous la protection de la France. Il fut rejoint en Flandre par le grand Condé, qui faisait alors cause commune avec les Espagnols. Après quelques légers succès, don Juan d'Autriche perdit la célèbre bataille des Dunes, et évacua les Pays-Bas.

Chargé de soumettre les Portugais, qui venaient de secouer le joug espagnol, il se flattait d'entrer triomphant à Lisbonne, quand la bataille d'Estremos l'obligea à se retirer.

Philippe IV étant mort, don Juan reçut de la régente l'ordre de retourner dans les Pays-Bas ; et, comme le prince, prétextant une maladie, n'obéit point à cet ordre, il reçut une lettre de cachet qui l'exilait dans sa terre de Consuégra. Informé qu'il allait être incarcéré au château de Ségovie, il s'enfuit, en suppliant la reine de l'excuser d'avoir enfreint ses ordres, mais en la priant de ne point garder dans son conseil plusieurs personnages qui étaient un obstacle à la paix générale.

La régente comprit que son intérêt était d'accéder au vœu du prince, qui était très populaire en Espagne ; elle fit quelques concessions, et rappela don Juan d'Autriche, qu'elle décora du titre de vice-roi d'Aragon pour le tenir éloigné de la cour.

Charles II, étant devenu roi, rappela don Juan et le fit son premier ministre : ce prince s'acquitta assez médiocrement de ces fonctions importantes, et mourut en 1679, en laissant la réputation d'un brave général, mais d'un politique fort inhabile.

KOSCIUSKO. — Thadée Kosciusko naquit en 1755 en Pologne, étudia à l'école des Cadets à Varsovie, et fit de si rapides progrès dans ses études, qu'il fut choisi pour voyager aux frais de l'établissement dans divers pays étrangers. Il étudia en France la stratégie, reçut de l'Assemblée nationale le titre de citoyen français, servit ensuite sa patrie en qualité de lieutenant, puis, passant en Amérique, devint l'adjudant de Washington. Il acquit dans la guerre de l'Indépendance les sympathies des chefs, tant américains que français, et fut décoré, après avoir reçu les éloges de Franklin.

De retour en Pologne, il vécut obscurément jusqu'en 1789, où la Diète le fit nommer général-major. En 1792, il servit sous le prince Poniatowski comme général de division, et se distingua par sa bravoure pendant toute la campagne. Quand la nationalité polonaise fut détruite, Kosciusko donna sa démission et se retira à Leipzick.

Il fut en 1794 déclaré chef de l'armée par tout un peuple désireux de recouvrer sa liberté et de secouer le joug des Russes; sortant de Cracovie à la rencontre de douze mille Russes qui s'avançaient pour reprendre la ville, il leur livra bataille à Wraclawice, et, quoiqu'il n'eût que quatre mille hommes, à peine équipés, il les défit complétement.

Après cette victoire, notre héros, ayant rassemblé une petite armée, chassa les ennemis du palatinat de Cracovie. Dès qu'il apprit l'insurrection polonaise, Frédéric-Guillaume vint pour la combattre à la tête de quarante mille Prussiens. Kosciusko, qui n'avait que douze mille hommes, se battit en désespéré à Szczekosciny, mais il fut vaincu, et les ennemis s'emparèrent de Cracovie. Les Prussiens se réunirent alors aux Russes, et investirent Varsovie : après deux mois de combats sanglants et d'héroïques efforts, les Polonais forcèrent les assiégeants à se retirer, et Kosciusko, qui se couvrit de gloire durant l'action, ayant été instruit que le général Fersen allait, avec un corps nombreux, se réunir à Souwaroff, partit à la hâte, résolu à tout tenter pour empêcher cette jonction. Les Polonais livrèrent bataille à Macijiowice, et Kosciusko, privé d'un renfort sur lequel il comptait, accablé par des forces très supérieures aux siennes, fut complétement défait, malgré des prodiges de valeur. Aussi habile général que brave soldat, notre héros lutta contre la fortune ; mais enfin, épuisé de fatigue, percé de coups, il tomba de cheval, privé de sentiment, au pouvoir des Cosaques, qui l'auraient massacré si des officiers supérieurs ne les en avaient empêchés.

Les ennemis, admirant le général polonais, dont le grand cœur supportait avec dignité les revers qui l'accablaient, le traitèrent avec distinction et l'envoyèrent à Saint-Pétersbourg. L'impératrice, très irritée contre Kosciusko, le fit jeter dans un cachot, d'où il ne sortit qu'à l'avénement de Paul Ier au trône. Rendu à la liberté en 1797, il partit pour les Etats-Unis, où il reçut un brillant accueil ; il vint ensuite en France, où il trouva une hospitalité digne de son infortune. Il se retira près de Fontainebleau, et disparut de la scène politique jusqu'en 1814, époque à laquelle l'empereur Alexandre et ses généraux lui témoignèrent une considération particulière. En 1815, il fit un voyage en Suisse, s'y fit naturaliser, et mourut à Soleure en 1817.

LAVATER. — Zurich vit naître Lavater en 1741. Il étudia la théologie, devint ministre protestant et voyagea en divers pays d'Europe : tout en se livrant à ses études approfondies tant en philosophie qu'en théologie, il fit de curieuses recherches sur la physionomie pour y découvrir les divers caractères, la différence des passions et des esprits à la seule inspection du visage ; il écrivit en 1772 un grand travail sur ce sujet ; il ne se borna pas à publier son ouvrage en allemand, il en fit faire sous ses yeux une traduction en français avec de nombreux dessins.

« Avant la publication de l'ouvrage de Lavater, dit un contemporain (1), on avait déjà fait des remarques sur la physionomie, l'expression muette et éloquente des passions, les traces profondes de cette expression quand elle

---

1 Voir *Biographie étrangère.* — Paris, 1819.

est fréquente ou prolongée. Les rapports des penchants impérieux et des habitudes avec les traits du visage avaient dû frapper dans tous les temps les observateurs ; mais aucun, avant le ministre zurichois, ne paraît avoir dirigé ses recherches et ses observations sur la physionomie proprement dite, objet particulier des travaux de Lavater. Certes il se trompe souvent, surtout quand il se laisse aller à l'influence de sa vive imagination ; mais, lorsqu'il n'était point préoccupé, ses jugements, fondés sur de minutieuses observations, et dictés par un tact délié et un coup d'œil plein de sagacité, manquaient rarement d'exactitude, ils avaient même souvent quelque chose de merveilleux et d'extraordinaire ; on peut en juger par les faits suivants. »

«Un abbé commandataire de l'Alsace, âgé de trente ans, et l'un des plus beaux hommes de l'Europe, de la physionomie la plus aimable, fit un voyage à Zurich ; beaucoup de femmes de la société de Lavater le plaisantaient en lui disant : Voilà enfin une physionomie heureuse ; le philosophe répondit : J'en suis fâché pour ce monsieur ; mais je remarque quelques lignes qui annoncent de l'emportement dans le caractère et je crains qu'il ne finisse malheureusement. »

« Après un séjour de trois mois, l'abbé monta dans sa chaise de poste pour retourner dans son abbaye, et, sur une réponse que lui fit le postillon, il lui brûla la cervelle, fut arrêté et condamné à être pendu. »

« Une dame de qualité fit le voyage de Paris à Zurich pour consulter Lavater sur la physionomie d'une fille unique de quinze ans qu'elle chérissait. Malgré les instances de cette mère sensible, le philosophe ne voulut rien dire, et lui promit seulement une lettre si elle lui donnait sa parole d'honneur de ne la décacheter qu'au bout de six mois. Cette dame quitte la Suisse, voyage en Allemagne et a le malheur de voir mourir sa fille au bout de cinq mois. Dans l'excès de sa douleur, elle avait oublié la lettre de Lavater, elle ne l'ouvrit que six semaines après la mort de sa fille ; voici son contenu : Madame, lorsque vous ouvrirez cette lettre, je pleurerai avec vous la perte que vous aurez faite. La physionomie de votre fille est l'une des plus parfaites que j'ai encore vues, mais j'ai remarqué des traits qui annoncent qu'elle mourra dans les six mois qui s'écouleront depuis l'instant que j'ai eu le plaisir de vous recevoir. »

Lavater ne crut point que ses études le dispensassent de prendre les armes lors de l'entrée des troupes françaises en Suisse : il fut grièvement blessé au siége de Zurich, et profita des quinze mois qu'il vécut encore après cet événement pour achever son dernier ouvrage ; il mourut en 1801, âgé de soixante ans.

LINNÉ. — Charles Linné naquit en Suède en 1707. Son père aimait la botanique et éleva son fils dans une campagne, se livrant sans cesse à ce divertissement favori ; le jeune homme prit les mêmes goûts que son père et s'y abandonna avec tout l'enthousiasme de la jeunesse, au point qu'il ne voulut pas suivre l'état ecclésiastique, auquel son père le destinait. Ce dernier, furieux, le plaça en apprentissage chez un cordonnier.

Un physicien, nommé Rothmann, eut occasion de voir le jeune Linné, il reconnut en lui de grandes dispositions pour l'étude, un esprit vif et appliqué tout à la fois ; il le recueillit chez lui pour lui apprendre la médecine. Les éléments de botanique de Tournefort étant tombés sous la main du jeune homme, il reprit avec ardeur l'étude de la botanique et songea à voyager pour étudier la nature sous divers climats. Peu favorisé de la fortune, il compensa par la sobriété l'argent qui lui manquait ; visita la Hollande, puis la Laponie où il brava les intempéries des saisons et la misère avec un courage que l'amour seul de la science pouvait lui suggérer. En 1736 il vint en Angleterre et se lia avec les plus habiles physiciens et naturalistes de cette contrée.

Il publia un an après sa fameuse *Méthode sexuelle des plantes basée sur les étamines et sur les pistils.* Ce nouveau système fit sensation dans le monde savant. Il fit paraître ensuite son *Système de la nature dans les trois règnes;* cet ouvrage, rempli d'observations justes et neuves, donna une méthode de classer les productions de la nature qui fut généralement adoptée et suivie depuis cette époque.

La plupart des œuvres de Linné sont écrites en latin et remarquables par une parfaite concision. Son nom se répandit bientôt dans toute l'Europe, et presque toutes les académies des sciences lui ouvrirent leurs portes. Il fut chargé de créer une chaire de botanique à l'université d'Upsal, et fut le premier président de l'Académie de Stockholm. Gustave III, roi de Suède, fit frapper une médaille en son honneur.

Linné mourut en 1778 à l'âge de soixante et onze ans, laissant un nom impérissable parmi les savants et la réputation d'un homme de bien.

LOPE DE VEGA — Félix Lope de Vega Carpio naquit à Madrid en 1562; son génie poétique se manifesta dès l'enfance; à quatorze ans, il composa une pièce de théâtre. Il étudia la philosophie à Alcala et publia son premier poëme héroïque et pastoral, intitulé l'*Arcadie*, quand il était encore sur les bancs du collége.

Lope de Vega était marié à Madrid, depuis peu de temps, quand il dut se battre en duel avec un gentilhomme qui l'avait insulté. Le poëte blessa grièvement son adversaire, et, à la suite de cet événement, fut obligé de s'enfuir en abandonnant sa femme. Il passa quelques années à Valence, puis revint dans la capitale quand le temps eut assoupi le retentissement que ce duel avait eu : malheureusement sa femme mourut presque aussitôt et Lope, dégoûté de la vie, embrassa l'état militaire et s'embarqua sur l'*Invincible Armada*. Son frère périt à ses côtés dans cette désastreuse expédition, et le poëte revint à Madrid où il publia son poëme de la *Belle Angélique*.

Remarié quelque temps après, Vega fut plus heureux. Les pièces de théâtre qu'il composa étaient goûtées et appréciées, et sa fortune s'accroissait avec sa réputation. La mort lui enleva sa seconde femme et un fils qu'il aimait ; le poëte, accablé par la douleur, renonça au monde, entra dans l'état ecclésiastique et devint chapelain et membre de la confrérie de Saint-François.

Il n'en continua pas moins à écrire des comédies et des poëmes : les Espagnols admiraient tellement son génie, qu'ils avaient pour lui une sorte de vénération qui se manifestait quand il paraissait en public.

La fécondité de son talent était si grande, qu'il composa cinq comédies en quinze jours ; le nombre de ses ouvrages dramatiques s'élève à mille huit cents et l'on évalue le nombre des vers par lui composés à 21 millions trois cent mille. Il est à regretter que ses écrits se ressentent de la précipitation avec laquelle ils ont été composés et manquent d'ordre et de méthode ; mais il faut reconnaître la richesse de son imagination et le charme de sa versification.

Vers la fin de sa vie, Lope de Vega se livra exclusivement aux pratiques de la dévotion ; il se soumit à un jeûne rigoureux et à des pénitences qui achevèrent de débiliter son corps déjà affaibli par l'âge : il mourut en 1635 universellement regretté de ses compatriotes.

MARCO POLO. — Marco Polo est un voyageur célèbre qui naquit à Venise en 1250. Son père et son oncle, négociants adroits et entreprenants, après avoir voyagé en Turquie, visité les bords du Volga, de la mer Caspienne, la Tartarie et l'Arménie, et passé vingt ans hors de leur patrie, revinrent à Venise chargés par l'empereur de Tartarie de demander au pape des prédicateurs de l'Evangile. A leur arrivée, Clément IV étant mort, et deux années s'étant écoulées avant que les cardinaux eussent élu son successeur, les frères Polo craignant de déplaire au monarque mongol par un séjour plus prolongé résolurent de retourner en Tartarie emmenant avec eux leur fils et neveu le jeune Marco Polo.

A peine nos voyageurs avaient-ils mis à la voile, que le

pape Grégoire X, ayant été élu, les rappela et leur adjoignit deux moines de l'ordre des frères prêcheurs qui avaient plein pouvoir d'ordonner des prêtres et de sacrer des évêques. L'invasion du soudan d'Égypte dans le nord de la Syrie ayant imprimé une grande terreur dans ces contrées, les deux missionnaires ne voulurent pas s'avancer dans l'intérieur et s'arrêtèrent sur les côtes, tandis que la famille des Polo continua son voyage en 1271.

Nos voyageurs parvinrent à Balkh, gravirent les monts Belour, visitèrent Kaschgar, traversèrent le désert de Kobi et pénétrèrent en Chine où ils remirent à l'empereur mongol les lettres et les présents dont le pape les avait chargés. — Ce prince prit Marco Polo en amitié et lui donna un haut emploi dans son palais. — Le jeune Vénitien s'accoutuma facilement aux habitudes des Tatars, apprit en peu de temps quatre langues différentes et se fit remarquer par son zèle et son intelligence.

Marco profita de son séjour dans ces contrées lointaines pour étudier les mœurs et les coutumes des peuples qui les habitaient et trouva moyen de rendre de grands services à l'empereur tatar; son père et son oncle suggérèrent au monarque l'idée de certaines machines de guerre avec lesquelles il s'empara de la ville de Siang-yang-fou.

Les trois voyageurs étaient absents, depuis dix-sept ans, quand ils eurent le désir de revenir dans leur patrie. Ils demandèrent à Koublaï la permission de partir, mais ils essuyèrent un refus de la part de leur bienfaiteur, qui voulait les conserver auprès de lui; il leur accorda enfin l'autorisation de le quitter, avec la mission importante de conduire au prince Argoulin, qui gouvernait la Perse, une princesse tatare qui lui était destinée pour femme.

Les Polo, comblés de présents par le monarque, partirent avec quatorze vaisseaux : ils longèrent les côtes de la Chine, traversèrent le détroit de Malacca, abordèrent à Ceylan, doublèrent le cap Comorin, côtoyèrent le Malabar, et débarquèrent à Ormus, dans le golfe Persique : ils avaient perdu six cents hommes d'équipage, tant par les tempêtes que par les maladies.

Ayant rempli le but de leur mission, les Polo voulurent retourner en Occident, et s'arrêtèrent quelque temps à Tauris, puis visitèrent Ardjis, Erzeroum, Trébizonde et Constantinople. Après mille dangers, ils arrivèrent enfin à Venise en 1295, après une absence de vingt-six ans.

Leur long séjour en Asie les avait tellement changés, que leurs compatriotes et même leurs parents ne les reconnurent point; ils ressemblaient à des Tatars, tant par les vêtements que par la physionomie, et ils avaient oublié en partie leur langue maternelle. Ils rapportèrent une telle quantité de diamants, de rubis, d'émeraudes et de saphirs, que leur fortune incalculable leur acquit en Europe une renommée qui fit grand bruit à cette époque.

Maffio Polo, oncle de Marco, fut chargé d'un des plus honorables emplois de la magistrature à Venise, et son frère et son neveu jouirent de la plus haute considération.

Marco fut choisi pour commander une flotte qui devait combattre les galères génoises qui menaçaient la république. Les deux flottes se rencontrèrent : les Génois, commandés par Lampa Doria, triomphèrent, et Polo fait prisonnier, après s'être battu avec un rare courage, fut emmené à Gênes. Il fut reçu en cette ville avec tous les égards qu'il méritait, et fut visité par les personnages les plus influents, qui voulaient entendre de sa bouche le récit de ses surprenantes aventures.

Le célèbre navigateur résolut alors de mettre par écrit l'histoire de ses voyages, ce qu'il fit en 1298. Il ne fut mis en liberté et ne revit sa patrie que quelques années après. Il rendit les derniers devoirs à son père Nicolo Polo, en lui érigeant un superbe tombeau sous le portique de l'église de San-Lorenzo.

On ne peut préciser l'époque de la mort de Marco Polo à Venise; mais on croit généralement qu'il vécut jusqu'à soixante-treize ans.

Les voyages de la famille Polo ont beaucoup servi à faire disparaître les idées erronées que leurs contemporains avaient sur toutes les contrées de l'Asie aussi bien que sur la mer des Indes, et on peut dire que Marco Polo, par ses observations cosmographiques, a préparé les deux plus grandes découvertes géographiques des temps modernes : celle du cap de Bonne-Espérance et celle du nouveau monde.

MARLBOROUGH. — John Churchill, duc de Marlborough, naquit en 1650 à Ash, dans le Devonshire, en Angleterre. Il fit ses premières armes à l'école de Turenne, et nous fit sentir qu'il avait profité des leçons que les Français lui avaient données. Chargé, très jeune encore, de soumettre l'Irlande, il s'acquitta de sa mission à la satisfaction du roi Guillaume : son talent comme diplomate se révéla quand, nommé plénipotentiaire et ambassadeur à la Haye, il suscita contre la France presque toutes les nations de l'Europe. En 1702, ayant eu le commandement en chef de l'armée alliée, il devint un ennemi dangereux, gagna la célèbre bataille d'Hochstedt, puis celle de Ramillies, et enfin la bataille de Malplaquet, qui nous fut si fatale.

La reine d'Angleterre ayant fait la paix avec la France, Marlborough désapprouva hautement cette résolution, et, pour cette raison même, fut destitué de ses emplois et disgracié. Il se retira à Anvers, et ne fut rappelé en Angleterre qu'en 1714, à l'avénement du roi Georges.

Il mourut en 1722, comblé d'honneurs et de richesses, dans sa soixante-treizième année. Il avait été frappé d'une attaque d'apoplexie le 8 juin 1716, et était devenu paralytique.

Marlborough était d'une avarice sordide, ce qui a donné lieu à l'anecdote suivante rapportée par un biographe digne de foi : Lord Pétersborough, autre général anglais, fut rencontré par un pauvre qui, le prenant pour lord Churchill, lui donna ce nom en lui demandant l'aumône : « Je ne suis point Marlborough, lui dit ce général, et, pour te le prouver, voilà une guinée que je te donne. »

Marlborough avait de l'intrépidité et surtout un sang-froid remarquable dans le danger; il montra de si grands talents pour la guerre, qu'il acquit l'estime de Turenne, dont l'opinion à cet égard est tout à fait concluante.

MASANIELLO. — Thomas Aniello (Mas Aniello), né à Amalfi en 1622, est célèbre par le soulèvement qu'il dirigea à Naples pour soustraire cette ville au joug des Espagnols.

L'Espagne écrasait d'impôts les Napolitains; les vexations éprouvées par le peuple étaient à leur comble; Mas Aniello, pauvre pêcheur, âgé de vingt-quatre ans seulement, se mit à la tête des mécontents, qu'il électrisa par son éloquence et par son audace. Les révoltés se présentèrent devant le palais du vice-roi, qui n'eut que le temps de s'enfuir, puis cette multitude se livra à l'enivrement du triomphe et à tous les excès dont est capable une populace sans frein; elle ouvrit les prisons aux malfaiteurs et brûla les palais des nobles.

L'autorité de Mas Aniello lui-même fut méconnue par les rebelles, qui d'abord, dans les premiers jours de la révolte, obéissaient à ses moindres gestes : on le dépeignit comme un traître; son dévouement à la patrie, le désintéressement qu'il avait montré, furent oubliés presque aussitôt, et quatre assassins, armés d'arquebuses, le percèrent de plusieurs balles dans une des rues de Naples. Mas Aniello tomba en disant : « *Traîtres!... ingrats!...* et expira immédiatement. La foule forcenée se jeta sur son cadavre, on lui coupa la tête, et son corps fut traîné par les rues en l'accablant d'outrages.

Le peuple napolitain regretta dès le lendemain le crime qu'il avait commis en mettant à mort son libérateur. Aussi prompt pour l'expiation que pour la vengeance, il voulut rendre aux restes de son chef les honneurs les plus grands. Mas Aniello fut couvert du manteau royal, et on lui mit sur la tête une couronne de lauriers.

Ainsi périt ce héros populaire, qui fut roi pendant huit jours, massacré comme un traître et un tyran, puis vénéré ensuite comme le libérateur de sa patrie, et dont l'étrange destinée est une nouvelle [preuve de l'inconstance des faveurs de la popularité.

MÉDICIS (Côme de). — Côme de Médicis, né à Florence en 1389, descendait d'Évrard, qui fut gonfalonnier en 1316. La famille des Médicis avait déjà une grande influence. Côme fit le plus noble usage de ses richesses; il les fit tourner au bénéfice des sciences, des lettres et des arts, qu'il encourageait de la façon la plus libérale. Il fonda une académie pour l'enseignement de la philosophie, et la bibliothèque Laurentiane qu'il enrichit de manuscrits précieux.

Ses biens immenses excitèrent la jalousie de plusieurs de ses concitoyens, qui parvinrent à le faire bannir de Florence; il se retira à Venise, où on lui fit une réception presque royale. Florence le rappela bientôt, et Côme devint pendant trente-quatre ans l'arbitre de la république et le conseil de la plupart des villes d'Italie. Il mourut en 1464, à l'âge de soixante-quinze ans, et l'on fit graver sur son tombeau une inscription lui donnant le titre glorieux de *Père du peuple* et de *Libérateur de la patrie*.

Laurent de Médicis, son petit-fils, hérita des hautes qualités de son aïeul : son intégrité et son mérite le firent choisir par plusieurs princes pour être l'arbitre de leurs différends. Les Florentins le déclarèrent chef de leur république et le gratifièrent du surnom de *Père des lettres :* il mourut en 1492.

Laurent eut un fils, nommé Pierre, qui succéda à son pouvoir; mais il fut chassé de Florence deux ans après la mort de son père. Jean, son second fils, fut élu pape sous le nom de Léon X, et acquit la renommée d'un des plus grands politiques du xvie siècle aussi bien que d'un protecteur éclairé des arts, qu'il encouragea au point que c'est à lui principalement qu'on doit attribuer la renaissance des belles-lettres en Italie. Ce fut lui qui dressa le fameux concordat et qui réunit le concile de Latran en 1517; il mourut en 1521, âgé seulement de quarante-quatre ans.

L'illustre maison des Médicis s'éteignit en 1743, dans la personne de la sœur de Jean Gaston, septième et dernier grand-duc de Toscane de la maison de Médicis, mort en 1737.

MÉTASTASE. — C'est à Assise, en Italie, en 1698, que naquit Pierre Bonaventure Métastase, dont le père était un simple soldat. La lecture du Tasse développa de bonne heure son goût pour la poésie. A l'âge de dix ou onze ans, il chantait dans les rues des vers de sa composition, et tous les passants faisaient cercle pour l'entendre. Gravina, instituteur de l'Académie, voulut le voir, et, charmé de son talent naissant, le logea chez lui, et, l'instruisant lui-même, cultiva les heureuses dispositions du jeune Métastase.

A quatorze ans il composa une tragédie qui, quoique faible en plusieurs parties, montrait un talent précoce ; lorsque son protecteur Gravina mourut, il se trouva riche, car cet homme généreux l'avait institué son héritier. Métastase put alors se livrer tout entier à la poésie : il commença par *Didon abandonnée*, et, marchant de succès en succès, acquit une grande renommée. Charles VI, empereur d'Autriche, l'appela à sa cour, le nomma son poëte et lui accorda une pension de 4,000 florins. Le grand homme, tout en refusant, par modestie, le titre de comte et de baron qu'il lui proposa, accepta ses présents aussi bien que ceux de Marie Thérèse et de Ferdinand roi d'Espagne.

Métastase est naturel, simple, dans le dialogue; son style est toujours pur et parfois touchant et sublime ; il a eu l'avantage de bien choisir ses sujets et d'avoir puisé ses tableaux dans la nature elle-même. Son caractère était doux, facile, et il avait des habitudes d'ordre dont il ne s'écartait jamais, aussi bien pour son lever que pour son coucher et même pour ses heures de travail, quoiqu'il semble au premier coup d'œil que cette uniformité soit contraire au génie poétique. Il vécut heureux et tranquille jusqu'à quatre-vingt-quatre ans. Il mourut le

2 avril 1782, laissant une fortune immense et une grande quantité de travaux inédits.

MICHEL-ANGE. — Buonarotti, surnommé Michel-Ange, naquit, au château de Copèse, en Toscane, en 1474. Il avait des dispositions si extraordinaires pour le dessin, la peinture et la sculpture, qu'il surpassa presque aussitôt ses maîtres. Son pinceau fier retraçait les images les plus hardies, les conceptions les plus étonnantes ; c'est, dit-on, dans la lecture des œuvres de Dante, son poëte favori, qu'il puisait le feu qu'il mettait dans ses compositions.

Il fut aussi surprenant par ses travaux de sculpture que par ceux de peinture, et l'on dit que Raphaël attribua sa statue de Bacchus à Phidias ou à Praxitèle. Michel-Ange, pour éprouver la justice des jugements des hommes sur ses œuvres, fit enterrer secrètement une statue de l'Amour qu'il avait faite ; mais auparavant il lui cassa un bras pour qu'on pût penser qu'elle était antique. Cette statue, trouvée comme par hasard, fit l'admiration de tous ; elle devait, suivant l'opinion générale, être d'un grand maître grec... Michel-Ange ne pouvait rien faire de semblable. La sotte prévention s'évanouit, quand Buonarotti, montrant le bras qu'il avait conservé, prouva que cette statue était son œuvre et qu'elle sortait tout récemment de son ciseau.

Michel-Ange était d'une telle habileté en sculpture, que Vigenère, écrivain, son contemporain, décrit ainsi sa visite à son atelier : « Je vis Michel-Ange, bien qu'âgé de 60 ans » et peu robuste, abattre plus d'écailles d'un marbre » très dur, en moins d'un quart d'heure, que trois jeunes » tailleurs de pierres n'eussent pu faire en trois ou quatre » heures. Il allait avec une telle impétuosité qu'elle tenait » presque de la furie, et je pensais à chaque instant que » l'ouvrage allait se briser en entier, car il abattait, d'un » seul coup, des morceaux de quatre doigts d'épaisseur et » cela, avec tant de précision, qu'une ligne de plus et le » travail était perdu. »

Ce grand artiste était d'une taille médiocre, mais d'un

tempérament sec et nerveux, fortifié par l'exercice et la sobriété ; il avait l'âme grande et il travailla plus souvent pour la gloire ou l'amitié que pour des vues intéressées. Se considérant comme citoyen de Rome, il ne voulut jamais rien accepter pour les travaux qu'il fit à l'église de Saint-Pierre. Il avait réformé une partie des travaux de cet édifice et il n'y manquait plus que la coupole, quand la mort le surprit à l'âge de quatre-vingt-dix ans, en 1564.

Grand peintre, grand sculpteur, ami des lettres qu'il cultivait dans ses loisirs, peu d'hommes ont employé tous les moments d'une longue existence aussi complétement et aussi bien que Buonarotti Michel-Ange, l'un des plus grands génies, non-seulement de l'Italie, mais du monde entier.

Buonarotti eut un neveu, mort en 1646, qui est l'auteur de plusieurs comédies qui lui donnent une place distinguée dans la littérature italienne ; on l'a surnommé Michel-Ange Buonarotti le Jeune, pour le distinguer de son oncle.

MILTON. — Né à Londres le 9 décembre 1608, Jean Milton reçut une excellente éducation ; il savait le latin, le grec, l'hébreu, le français et l'italien. C'est en Italie qu'il conçut la première idée de son magnifique poëme intitulé le *Paradis perdu*. Son plan seul était tracé quand les événements politiques le rappelèrent en Angleterre où tout était en révolution.

Milton, doué d'une imagination très vive et d'une énergie rare, prit l'initiative au milieu des partis politiques, il devint un partisan zélé de Cromwell, et, après la mort de Charles Ier, fit un livre intitulé, *le Droit des Rois et des Magistrats*, qui avait pour but de justifier et d'excuser, en quelque sorte, la conduite du Protecteur en cette circonstance. Cette morale politique, peu honorable en elle-même, lui valut la place de secrétaire d'État sous Olivier Cromwel ; il occupa cet emploi jusqu'à la restauration de Charles II.

Quand ce monarque parvint au trône, il comprit Milton dans l'amnistie qu'il accorda aux ennemis de son père, mais il lui retira sa charge ; Milton avait alors cinquante-deux ans. Plusieurs amis lui offrirent de parler en sa faveur pour qu'il fût rétabli dans son emploi ; mais il refusa, croyant voir dans cette démarche une marque de faiblesse et dit même, en cette occasion, à sa femme qui lui témoignait son mécontentement de cette manière d'agir, qu'elle taxait de folie : « Vous autres, femmes, vous » feriez tout au monde pour rouler en carrosse ; moi, je » veux vivre libre et mourir en honnête homme. »

Il est certain que Milton agit loyalement et avec intégrité dans son emploi, puisqu'il fut presque réduit à la misère quand il fut disgracié. Il chercha des consolations dans l'étude, et c'est alors qu'il travailla à son poëme. Un grand malheur vint le frapper, il perdit la vue et fut privé de la lecture, son divertissement favori ; par bonheur ses trois filles qui connaissaient le grec, l'hébreu et plusieurs autres langues, lui lisaient tour à tour les livres qu'il désirait consulter et écrivaient sous sa dictée.

Milton employa neuf années à écrire le *Paradis perdu;* cet ouvrage fut loin d'être apprécié d'abord à sa juste valeur, et c'est à grand'peine que le poëte trouva un éditeur qui voulût le faire imprimer. C'est le libraire Thompson qui acheta pour dix livres sterling le poëme qui devait, par la suite, faire la fortune de ses héritiers. Le grand homme n'eut même pas le bonheur de voir la deuxième édition de son livre et mourut pauvre sans se douter de l'immense réputation que son œuvre lui acquerrait un jour.

Milton mourut en 1674, à l'âge de soixante-six ans.

MONTECUCULLI (Raymond.) — Montecuculli naquit en 1608 dans les États de Modène où sa famille occupait un rang distingué ; son oncle Ernest Montecuculli commandait l'artillerie impériale : c'est sous lui que le jeune militaire fit ses premières armes et qu'il obtint son avancement en passant par tous les grades.

En 1634, il surprit avec deux mille cavaliers seulement dix mille Suédois qui assiégeaient Nemeslau en

Silésie, et s'empara de leur artillerie, après leur avoir causé de grandes pertes. Fait prisonnier, peu de temps après, Montecuculli employa les deux années de son incarcération à acquérir des connaissances théoriques sur l'art de la guerre.

Etant devenu libre, il vainquit en Bohême le général Wrangel, qui périt dans l'action. Nommé maréchal de camp, général en 1657, il fut envoyé par l'empereur au secours de Jean Casimir, roi de Pologne, Montecuculli battit Ragozki, prince de Transylvanie, repoussa les Suédois et gagna sur les Turcs la célèbre bataille de Saint-Gothard en 1664.

La guerre s'étant allumée entre l'empereur d'Autriche et la France, Montecuculli fut mis à la tête des troupes alliées, pour résister aux armées commandées par Turenne et par Condé. La prise de Bonn et la jonction de ses troupes avec celle du prince d'Orange firent beaucoup d'honneur à Montecuculli et établirent sa réputation. On lui ôta cependant le commandement et on ne le lui rendit qu'en 1675 pour s'opposer aux progrès que faisait Turenne en Allemagne. Le brave général montra beaucoup de talent et fut réellement digne de son rival ; tous deux, dit un historien, firent de la guerre un art véritable. Ils passèrent quatre mois à se suivre, à s'observer dans des marches et des campements plus estimés que des victoires par les stratégistes allemands et français. L'un et l'autre jugeait de ce que son adversaire allait tenter par les marches que lui-même eût voulu faire à sa place, et ils ne se trompèrent jamais. Ils s'opposaient avec une égale habileté, la patience, la ruse et l'activité.

Ce fut la mort de Turenne qui mit fin à cette brillante lutte. Montecuculli, en apprenant cet événement, en fut attristé et dit : « Je ne puis m'empêcher de regretter un homme qui faisait tant d'honneur à l'humanité. »

Ce grand général balança les succès de Condé, et sa dernière campagne fut la plus glorieuse de sa vie, non qu'il eut été vainqueur, mais pour n'avoir pas été vaincu ayant eu à combattre Turenne et Condé.

Montecuculli passa les dernières années de sa vie dans une agréable retraite, où il s'entoura des savants et des artistes les plus remarquables de son siècle. Il fonda même une académie intitulée *Académie des curieux de la nature.* Il a laissé des Mémoires fort remarquables sur l'art de la guerre et qui sont appréciés des stratégistes. Condé en faisait le plus grand éloge, et son témoignage peut donner une idée de la valeur de ce travail. Montecuculli mourut à l'âge de soixante-douze ans, le 16 octobre 1681.

MORUS (Thomas.) — Thomas Morus naquit à Londres en 1480 : il était le fils de l'un des juges du Banc du roi. Il annonça, dès son enfance, tant d'intelligence et d'aptitude aux sciences, que le cardinal Morton, archevêque de Cantorbéry, le protégea et prit soin de son éducation. Morton disait à ses amis : « Cet enfant sera un homme extraordinaire, vous le verrez ; moi, je ne vivrai plus, mais vous vous rappellerez les prédictions d'un vieillard. »

Thomas ne démentit pas l'opinion que Morton avait de sa capacité, il devança tous ses émules au collége d'Oxford, et, devenu avocat, il prit place au Parlement où ses débuts furent très brillants.

Wolsey, grand chancelier d'Angleterre, protégea Morus et l'introduisit dans le conseil privé de Henri VIII, qui le prit en amitié et lui donna la charge importante de trésorier de l'Echiquier.

Après la disgrâce de Wolsey, Thomas Morus le remplaça dans ses fonctions et occupa ainsi une des premières places de l'Etat. Il y déploya un vrai talent et d'éminentes vertus. Il disait souvent : « La justice m'est si chère, que, si mon père plaidait contre le diable et que mon père eût tort, je le condamnerais sans hésiter. »

Après avoir tenu, pendant deux ans, les sceaux de grand chancelier, Thomas se démit de sa charge par scrupules religieux : il se retira pauvre à Chelséa, n'ayant que cent livres sterling de revenu. Il se livra à l'étude des lettres et des sciences et écrivit beaucoup sur la théologie, le droit et même la poésie : son plus célèbre ouvrage est celui intitulé *Utopie*, qu'il publia en 1515. Quoique ce livre renferme beaucoup d'idées erronées sur les améliorations à apporter dans la législation et la jurisprudence, il est remarquable par sa concision et honore également l'esprit et le cœur de son auteur.

Thomas Morus refusa de reconnaître Henri VIII comme chef spirituel de l'église anglicane, ce qui fut cause de son incarcération immédiate à la Tour de Londres. En attendant l'arrêt qui devait le condamner, il vit sa famille réduite à l'indigence et obligée de vendre jusqu'à son mobilier pour subvenir à ses besoins. Il eût suffi d'un seul mot pour conserver son existence; mais le juge sévère, le magistrat intègre ne pouvait, ne devait pas le prononcer : il entendit sans frémir son arrêt de mort : il marcha au supplice avec la fermeté d'un sage et d'un chrétien et mourut le 7 juillet 1535. Sa tête, tranchée par la main du bourreau, sur la plate-forme de la Tour de Londres, fut exposée pendant quatorze jours comme celle d'un traître : sa fille Marguerite, qu'il chérissait tendrement, la fit enlever pour ensevelir pieusement les restes d'un des plus grands hommes de la Grande-Bretagne, devenu aussi célèbre par ses vertus que par ses malheurs.

MOZART. — Né en 1756 à Salsbourg, Wolfgang Amédée Mozart, fils d'un musicien, apprit la gamme en même temps que l'alphabet. Il fut un des rares exemples d'enfants prodiges qui ne démentirent point par la suite les espérances que leurs premiers essais inspiraient à leurs parents.

Mozart jouait du piano à l'âge de trois ans, commençait à composer à quatre et se fit entendre dans plusieurs concerts, n'ayant pas plus de six ans. L'empereur François 1er, frappé de cette précoce intelligence et de la facilité de son jeu, l'encouragea par de bienveillants éloges et fit donner à son père une gratification.

Le jeune virtuose vint à Paris, en 1763, et fit sensation parmi les musiciens du temps : il composa deux ouvrages, passa en Angleterre, en Hollande, puis retourna à Vienne, en 1768, où Joseph II lui montra une affection toute particulière. Continuant le cours de ses succès, il se fit admirer en Italie, et, lorsqu'il revint en Autriche, l'empereur le nomma maître de sa chapelle.

Mozart composa successivement l'*Enlèvement du sérail*, le *Mariage de Figaro*, *Don Juan*, la *Flûte enchantée*, la *Clémence de Titus* et *Idoménée*, suite de chefs-d'œuvre qui l'ont placé au rang des plus célèbres compositeurs. Il était modeste et ne parlait jamais de ses œuvres : on raconte qu'il dit de son immortel *Don Juan* : « Je ne l'ai composé que pour moi et pour mes amis. »

Ce grand artiste a produit un nombre considérable de symphonies, de sonates et de musique d'église dont le *Requiem* passe pour être le chef-d'œuvre ; ce fut sa dernière composition : une maladie cruelle vint tout à coup frapper Mozart au milieu de sa gloire et de ses travaux, il expira, le 5 décembre 1791, âgé seulement de 36 ans.

De combien de chefs-d'œuvre nous a privés cette fin prématurée d'un des plus grands artistes allemands ! Ses opéras font encore aujourd'hui le charme des vrais amateurs de musique : tour à tour gracieux, sévère, majestueux et toujours harmonieux, Mozart a fait passer dans ses œuvres la sensibilité de son âme aimante et la mélancolie qui était un des signes caractéristiques de son talent.

MURILLO. — C'est à Séville que naquit, en 1618, Barthélemy-Esteban Murillo. Il reçut d'un de ses parents les premières notions de peinture, art dans lequel il fit des progrès rapides.

Son maître étant parti pour Cadix, Murillo abandonné à lui-même, sans guide et sans appui, peignit des tableaux de pacotille destinés à l'Amérique du Sud. Il n'avait que seize ans ; mais, déjà mûri avant l'âge à l'école du malheur, il résolut de passer en Italie pour se perfectionner dans son art. Il était dans l'impossibilité de faire ce voyage faute de ressources, quand, par le produit de divers tableaux de dévotion vendus à vil prix, il réunit les fonds nécessaires pour se mettre en route.

Arrivé à Madrid, il s'adressa à Velasquez, son compatriote, en lui faisant part de son projet d'aller à Rome. Celui-ci l'en détourna, lui obtint des travaux pour l'Escurial et pour d'autres palais de Madrid, et, après trois ans de séjour, Murillo revint à Séville, où bientôt ses tableaux excitèrent l'admiration. La *Mort de sainte Claire* et *Saint Jacques distribuant des aumônes* mirent le sceau à sa réputation. Il acquit bientôt une fortune assez considérable pour le rendre indépendant et lui permettre de cultiver la peinture au point de vue de l'art et non de l'intérêt.

Murillo devint le chef d'une école remarquable ; à la fois habile dessinateur et coloriste, il sut joindre le naturel et la vérité à la fraîcheur et à l'harmonie du coloris. Il exécuta un grand nombre de tableaux d'église, qui sont tous très remarquables, et se surpassa dans *Sainte Elisabeth*, l'*Enfant prodigue*, et surtout la *Conception* et le *Mariage de sainte Catherine*.

Il était en train de terminer ce dernier tableau pour le maître autel des capucins, à Cadix, quand il fit une chute, se blessa grièvement en tombant de l'échafaudage, et mourut peu de temps après des suites de cet accident, en 1682. Il a laissé plusieurs élèves, dont le plus célèbre fut Villavicencio, son disciple favori.

NEWTON. — Isaac Newton est né en 1642, à Wolstrop en Angleterre. Les mathématiques et la géométrie fixèrent son attention dès sa plus tendre jeunesse ; Descartes et Képler devinrent ses auteurs favoris. On prétend qu'à l'âge de vingt-quatre ans il avait déjà fait toutes les découvertes qui l'illustrèrent par la suite ; mais, voulant que l'expérience lui prouvât si ses idées étaient justes, il attendit jusqu'à l'âge mûr pour les consigner dans l'ouvrage qu'il publia, et qui a pour titre : *Principes mathématiques de la philosophie naturelle.*

Il développa le système de l'attraction et de la gravitation, et publia son *Optique* ou *Traité de la lumière et des couleurs*, donnant la théorie des rayons de la lumière. — C'est à cette occasion qu'il perfectionna le télescope, et en inventa un nouveau, qui montre les objets par réflexion et non par réfraction.

Il soutint une longue polémique contre Leibnitz, et l'origine de cette querelle vint de ce que tous deux, presque à la même époque, publièrent un traité parlant de découvertes qu'ils firent en même temps.

La gloire de Newton devint universelle, et sa patrie, fière de posséder un tel citoyen, songea à le récompenser. — Le roi Guillaume le créa garde des monnaies, en 1696, et maître de la monnaie, trois ans après. Cet emploi lui rapportait des sommes considérables qui, jointes à sa fortune particulière, le rendirent excessivement riche. En vrai philosophe, Newton fit bon usage de ses biens, méprisa le faste et sut agir grandement pour répandre des bienfaits : il s'attira le respect et l'admiration de ses contemporains, et les savants anglais le choisirent à l'unanimité comme leur chef : on lui donna, en 1703, la présidence de la Société royale, place qu'il conserva jusqu'à sa mort.

En 1705, la reine Anne le créa chevalier, et le roi George le gratifia de plusieurs décorations. L'Académie des sciences de Paris le choisit comme un de ses associés et lui décerna les plus grands éloges.

Newton avait toutes les qualités de l'homme de bien et honorait autant l'humanité par sa vertu que par son génie. Sa sagesse et sa tempérance prolongèrent son existence jusqu'à l'âge de quatre-vingt-cinq ans ; il mourut le 20 mars 1727.

PELLICO (Silvio). — C'est en 1789, à Saluces en Piémont, que naquit Silvio Pellico ; son père occupait un emploi dans les postes. Sa famille lui fit donner une bonne éducation, et à l'âge de seize ans il vint à Lyon, près d'un oncle qui habitait cette ville, et qui cultiva encore en lui les belles dispositions qu'il avait montrées dans le cours de ses études. Silvio faisait sa lecture favorite de Racine et d'Alfieri.

A vingt ans, il fut pris du mal du pays ; il voulut revoir l'Italie et retourna à Milan, que ses parents habitaient : il se livra tout entier aux lettres et traça le plan de deux tragédies, *Laodamia* et *Françoise de Rimini*, qui furent représentées plus tard sur le théâtre de Naples.

On était en 1819 : plusieurs écrivains et littérateurs de mérite, rêvant la liberté de leur patrie, avaient fondé un recueil périodique nommé *il Conciliatore*. Silvio Pellico, dont l'âme généreuse aspirait à l'affranchissement de l'Italie, fit partie de cette réunion que l'Autriche accusa d'appartenir à la société des *Carbonari*. Le jeune écrivain fut arrêté et conduit au fort Sainte-Marguerite, où il retrouva son ami d'enfance, Maroncelli, comme lui accusé d'un crime imaginaire.

Ils furent transférés à Venise sous *les plombs*, où ils eurent beaucoup à souffrir pendant quinze mois qui s'écoulèrent avant qu'on songeât à prononcer sur leur sort : enfin, en février 1822, un arrêt les condamna à la peine de mort, peine qui fut commuée en vingt ans de réclusion au Spielberg pour Maroncelli, et dix ans pour Pellico.

Silvio eut à endurer toutes les misères, toutes les humiliations dans cette captivité qu'il supporta jusqu'en 1830 où la liberté lui fut rendue : il rentra dans sa famille, et la réputation de son livre admirable intitulé : *Mes Prisons*, le fit accueillir partout avec la plus grande distinction. La reine des Français, Marie-Amélie, lui fit offrir une place de secrétaire. Silvio Pellico refusa, il avait trop souffert loin de sa patrie pour s'en éloigner de nouveau : il se fixa à Turin où la marquise de Barolo lui donna une position honorable et conforme à ses goûts littéraires.

Pour apprécier cet homme de bien, ce moraliste profond, il faut avoir étudié son livre *Mes Prisons*, histoire de sa vie, de ses souffrances et de ses nobles efforts pour la régénération de son pays.

Silvio Pellico est mort en 1854, à l'âge de soixante-cinq ans.

PENN (William). — William Penn, fils d'un vice-amiral d'Angleterre, naquit à Londres en 1664. — Il fut élevé à l'université d'Oxford et vint en France pour achever son éducation. Lors de son retour en Angleterre le navire qui le portait fut obligé par les vents contraires de relâcher en Irlande; Penn entra par hasard dans l'assemblée des *quakers* dont il embrassa dès lors les principes avec ferveur, ce qui fut cause que son père le chassa de chez lui. Il lui pardonna cependant avant de mourir.

Penn obtint du gouvernement, en payement d'avances faites par son père dans des expéditions maritimes, une province de l'Amérique du Nord située près du Maryland. Il partit pour ce pays avec deux navires chargés de *quakers*, et forma une colonie à laquelle il donna le nom de Pensylvanie. Bientôt fondant la ville de Philadelphie, il devint le législateur de ce peuple nouveau auquel il donna un code dont le premier article contenait ces mots : « Tous les hommes qui croient en Dieu, quelle que soit leur secte ou leur religion, sont nos frères. »

Cette colonie prospéra rapidement, et William Penn se fit aimer des sauvages eux-mêmes, qui vinrent trafiquer avec les colons.

Ce sage philanthrope fit un voyage en Angleterre, puis retourna, en 1699, en Pensylvanie où ses administrés le reçurent avec des larmes de joie. Chacun l'appelait du doux nom de *père* et il trouva que *ses enfants* avaient religieusement observé ses lois pendant son absence. Après quelques années de séjour, il revint dans la Grande-Bretagne solliciter des avantages pour les nouveaux colons ; mais il ne devait plus les revoir : il mourut à Londres, en 1718, à l'âge de cinquante-quatre ans.

PESTALOZZI.—Henri Pestalozzi naquit à Zurich, en 1745. Son esprit philanthropique fut frappé, dès sa jeunesse, de l'état déplorable d'une population pauvre et nombreuse livrée à tous les maux que produisent l'ignorance et le défaut d'industrie sur un sol ingrat. Il écrivit alors *Lienhard et Gertrude*, roman entièrement à la portée des dernières classes du peuple et qui se répandit à un grand nombre d'exemplaires tant en Suisse qu'en Allemagne.

Pestalozzi publia aussi les *Lois somptuaires*, puis divers traités sur la *Législation* et l'*Education des enfants de parents indigents*. Devenu, en 1799, directeur d'une maison d'orphelins à Underwald, il inventa une nouvelle méthode rendant l'instruction plus facile et développant l'intelligence des élèves. Bientôt la suppression de cet établissement le priva de toutes ses ressources et lui causa un vif chagrin ; mais il n'en continua pas moins à développer son système à Burgdorf dont le château lui fut concédé pour y établir un pensionnat, qui fut depuis transporté à Yverdun.

En 1803, Pestalozzi fut nommé membre de la députation que Napoléon avait appelée à Paris afin de s'y concerter avec lui sur les moyens à employer pour pacifier la Suisse. De retour dans son pays, il publia plusieurs ouvrages sur l'éducation, dont le plus remarquable est celui intitulé : *Conseils adressés à mes contemporains*.

Les écrits de ce philanthrope éclairé, pleins d'idées grandes, nobles et désintéressées, lui assurent une place distinguée parmi les hommes utiles. Entièrement dévoué à ses semblables, Pestalozzi n'a jamais songé ni aux honneurs ni à la fortune ; il vécut dans une situation voisine de l'indigence et mourut à Brougg, canton d'Argovie, en 1827. —Il était âgé de quatre-vingt-deux ans.

PÉTRARQUE. — François Pétrarque naquit, en 1304, à Arézzo. Sa famille, chassée de Florence par la faction des Gibelins, vint s'établir à Avignon, et le jeune Pétrarque fit ses premières études à Carpentras. Il abandonna bientôt la jurisprudence à laquelle ses parents le destinaient, pour se livrer entièrement aux lettres : Virgile, Horace, étaient ses auteurs favoris. C'est à Vaucluse qu'il composa les vers qui l'ont rendu célèbre et que la belle Laure lui inspira. Sa réputation l'attira à la cour du pape, et il fut lié d'amitié avec les Colonna, une des plus nobles familles d'Italie.

Pétrarque fut recherché par tout ce qu'il y avait alors de grand dans l'Europe éclairée et reçut, le même jour et à la même heure, deux lettres, l'une de Philippe, roi de France, et l'autre du sénat de Rome, lui offrant la couronne de laurier comme au plus grand poëte du siècle. Il partit pour la ville éternelle où il fut reçu avec les plus grands honneurs et couronné au Capitole.

Après son triomphe, Pétrarque alla à Parme, puis à Padoue où il obtint un canonicat : ayant appris la mort de Laure, il revint à Vaucluse et pleura cette perte en vers sublimes qui font vivre leurs deux noms dans la postérité ; enfin, sentant le besoin de s'éloigner, il voyagea pendant douze ans, errant de ville en ville et recevant partout un accueil égal à son mérite. Il obtint de Visconti, souverain de Milan et de Padoue, une charge de conseiller d'Etat qu'il remplit avec distinction.

C'est alors que Florence, pensant qu'il était honteux pour elle d'avoir exilé la famille d'un si grand homme, lui envoya une députation pour l'engager à venir achever ses jours dans la patrie de ses ancêtres. Pétrarque fut sensible à cet hommage; mais il refusa d'abandonner Padoue, où il mourut peu de temps après, à l'âge de soixante-dix ans.

PONIATOWSKI. — Le prince Joseph Poniatowski, neveu du dernier roi de Pologne, naquit à Varsovie, en 1763. Il était aussi distingué par son rang que par ses manières nobles et chevaleresques et sa bravoure brillante. Aussi remarquable par sa bienfaisance que par son patriotisme, il devint, en 1792, un des chefs de l'armée que la Pologne levait contre la Russie : entravé dans ses intentions par le caractère irrésolu de son oncle, il fut presque supplanté par Kosciusko, qu'on mit en parallèle avec lui. Jamais cependant cette rivalité n'aigrit l'âme du prince, qui continua à aimer son rival comme un ami, et donna une preuve éclatante de la générosité de son caractère, quand Kosciusko fut battu à la bataille de Dubienka.

Poniatowski, averti de la défaite que venait d'éprouver Kosciusko, se mit en marche avec ses troupes, et, au moment où les Russes se croyaient le plus sûrs de la victoire, il les écrasa par une manœuvre hardie, et changea la défaite en triomphe. Kosciusko recueillit de cette affaire une gloire inattendue, et Poniatowski, qui pouvait lui ravir une partie de son triomphe en montrant l'avis qu'il lui avait envoyé, anéantit cette pièce pour lui laisser tout le mérite de la victoire.

Quand notre héros vit son oncle accéder à la confédération de Targowitz, qui amena le démembrement de la Pologne, il donna sa démission avec la plupart des officiers distingués par leur patriotisme, et ne reparut que lors de l'insurrection de 1794, pour se ranger sous les drapeaux comme volontaire. Après la prise de Varsovie, il se retira dans ses terres, puis à Vienne, et refusa les offres brillantes que lui fit l'impératrice Catherine II pour l'attirer à sa cour. Paul Ier le nomma lieutenant général de ses armées; mais Poniatowski n'accepta jamais ce grade et ne reparut sur la scène politique que lorsque la paix de Tilsitt eut amené l'érection du duché de Varsovie. Il fut alors nommé ministre de la guerre et organisa l'armée polonaise avec autant de zèle que d'habileté.

En 1809, les Autrichiens attaquèrent la Pologne avec soixante mille hommes : Poniatowski marcha contre eux avec des forces inférieures et mit le comble à sa réputation militaire. Entraîné par les événements à la suite de Napoléon dans les funestes campagnes de 1812 et de 1813, il resta jusqu'à la fin dévoué à l'empereur et montra en mainte occasion la valeur la plus héroïque. Il venait d'être nommé maréchal de France, lorsque, resté sur les bords de la Pleiss pour protéger la retraite de notre armée, il fut forcé par la destruction du pont de Lindenau de tenter le passage à la nage avec ses cavaliers. Malheureusement il ne put franchir les bords escarpés de la rivière et périt au moment même où il venait de se couvrir de gloire en se sacrifiant pour le salut de nos troupes.

Poniatowski était âgé de cinquante ans lorsqu'il mourut. La Pologne lui a élevé un monument en reconnaissance des efforts qu'il fit pour l'affranchissement de sa patrie.

RAPHAEL. — Raphaël Sanzio naquit en 1483, à Urbin en

Italie. Son père, peintre très médiocre lui donna les premières notions de son art et le mit comme élève chez le Perugin, artiste célèbre du temps. Le jeune homme surpassa bientôt son maître et se créa une manière toute spéciale et toute nouvelle.

Jules II le fit travailler au Vatican et son tableau dit de *l'École d'Athènes* lui acquit une réputation universelle. François Ier lui commanda un tableau de *Saint Michel* et en fut si satisfait, qu'il lui envoya une somme tellement considérable, que le peintre, trouvant qu'elle excédait de beaucoup ce que valait le tableau, supplia le roi de vouloir accepter une *Sainte Famille*, considérée comme un de ses chefs-d'œuvre. François Ier, charmé de ce désintéressement, envoya au peintre une somme double de la première, en lui faisant dire que « les hommes qui s'illustrent dans les arts partagent l'immortalité avec les grands et deviennent leurs égaux. »

Le roi de France aurait voulu emmener Raphaël à sa cour ; mais Léon X, qui craignit de le perdre, lui accorda une pension considérable pour le fixer à Rome. Sanzio peignit alors pour le monarque la *Transfiguration* du Christ, l'un des chefs-d'œuvre de la peinture ; malheureusement il mourut sans y mettre la dernière main, en 1520, à l'âge de trente-sept ans.

Raphaël a acquis une telle gloire dans son art, que son nom seul désigne la perfection dans la peinture et semble marquer pour les artistes une barrière infranchissable.

REMBRANDT. — C'est près de Leyde que naquit Van Ryn Rembrandt, en 1606. Fils d'un fermier qui l'éleva dans les mœurs austères de ses ancêtres, il eut de bonne heure un caractère grave, réfléchi, admirateur des scènes grandioses de la nature. Entraîné par un penchant naturel vers la peinture, Rembrandt entra dans l'atelier de Van Swanenburg, à Amsterdam. Bientôt, abandonnant toutes les routes tracées, il quitta ce maître pour se livrer seul aux fantaisies de son imagination.

Longtemps il fit de laborieux essais qui ne furent point

couronnés de succès ; aussi avait-il l'habitude de dire : « Je travaille à présent pour moi ; mais, quand je travaillerai pour le public, il soldera mes peines et mes veilles. »

Ce fut un médecin nommé Tulp qui le premier devina le génie de Rembrandt et l'encouragea de ses conseils et de sa bourse. Bientôt Jean Six, secrétaire de la municipalité d'Amsterdam, commanda plusieurs tableaux au jeune artiste, et, les succès de ce dernier croissant de jour en jour, il acquit une grande renommée qui le conduisit à une honnête aisance.

Rembrandt se livra alors à la gravure, dans laquelle il ne suivit aucune des règles reçues et se fit une manière qui n'appartient qu'à lui seul : il avançait considérablement ses planches à l'eau forte ; puis, maniant habilement le burin et la pointe sèche, il obtenait des résultats étranges, mais grandioses et qui n'ont jamais été reproduits identiquement.

Ce qu'il faut remarquer dans les œuvres de cet artiste hors ligne, c'est que, soit en peinture, soit en gravure, il ne suivit aucune des lignes tracées par ses devanciers, n'imita personne et apposa à chacune de ses œuvres un cachet d'originalité.

Rembrandt, d'un caractère sombre, méfiant, peu communicatif, s'enfermait dans son atelier pour travailler sans témoins : il préparait, gravait et imprimait ses planches lui-même et ne se confiait à personne.

Son talent, et, il faut le dire aussi, son avarice sordide le firent parvenir à la fortune ; il vendait ses tableaux fort cher de son vivant, et ils étaient très recherchés.

On raconte que, pour donner plus de valeur à ses œuvres, il se fit passer pour mort, et qu'étant parti en voyage, il laissa à sa femme le soin de faire une vente qui lui produisit une somme énorme. On s'y disputa ses gravures, au point que l'une d'entre elles porta depuis le nom de *Pièce de cent florins*, parce qu'elle fut totalement couverte d'or ; elle représente Jésus guérissant les malades.

« Rembrandt, dit un contemporain (1), était estimé, con-

¹ L. Leclère.

sidéré pour son art au milieu de ses amis et de ses élèves,
dont le plus célèbre fut Gérard Dow, quand les désor-
dres de son fils, les dettes et les réclamations qui en furent
la conséquence, le forcèrent à prendre une résolution dés-
espérée. Il vendit tout ce qu'il possédait, paya les créan-
ciers et s'exila à jamais de la Hollande : on ne sait ce qu'il
devint ; on suppose qu'il visita l'Angleterre ; on est certain
qu'il traversa le Danemark et la Norwége ; mais alors sa
trace se perd et on ne pourrait préciser l'époque de sa
mort qui arriva, dit-on, vers 1674.

Génie tour à tour naïf et sublime, gai et sombre tout à la
fois, Rembrandt passera à la postérité comme un des peintres les plus originaux et les plus féconds du xviie siècle.

RUBENS. — C'est en 1577 que naquit Pierre-Paul
Rubens, non à Cologne comme on l'a écrit souvent, mais
à Anvers. Son penchant l'entraîna vers la peinture et, pour
se perfectionner, il partit pour l'Italie où le duc de Mantoue lui donna un logement dans son palais. Il visita successivement Rome, Gênes, puis revint en Flandre où sa
mère malade le rappelait. Il commença alors cette magnifique suite de tableaux qui représentent les principales
actions de Henri IV et de Marie de Médicis, collection qui
lui avait été commandée par cette princesse elle-même.

Rubens n'était pas seulement peintre, il était aussi
diplomate habile, et fut chargé de plusieurs missions
délicates, tant en Espagne qu'en Angleterre. — Charles Ier
le fit chevalier et tira en plein parlement l'épée qu'il
avait au côté pour la lui donner ; il lui fit présent, en
outre, d'un anneau de grand prix et d'un cordon enrichi
de diamants. De retour dans sa patrie, Rubens fut nommé
secrétaire du conseil d'État dans les Pays-Bas.

Ce peintre vécut au milieu des grandeurs sans que la
prospérité l'empêchât de travailler et de produire une
énorme quantité de chefs-d'œuvre qu'il exécutait avec
une grande facilité. Il était bon architecte, avait des connaissances très étendues et parlait plusieurs langues. Il est
peu d'existences aussi bien remplies que celle de Rubens :

il profitait de tous les instants, et ses loisirs mêmes furent consacrés à la peinture.

On peut reprocher à ce grand artiste un peu d'incorrection dans le dessin ; mais ses compositions sont toujours hardies et décèlent le génie. Sa *Descente de croix* et son *Christ entre les deux larrons* sont considérés comme ses meilleurs tableaux ; il excella surtout dans le coloris, et dans cette partie il n'a pas eu d'égal jusqu'à présent.

Rubens mourut à Anvers, en 1640, à l'âge de soixante-trois ans, laissant une brillante fortune à ses enfants, dont l'aîné lui succéda dans sa charge de secrétaire d'État en Flandre.

RUYTER. — Michel-Adrien Ruyter naquit à Flessingue, en 1607. Dès l'âge de onze ans, il fut embarqué comme mousse, et commença ainsi son apprentissage du rude métier de marin. Sans fortune, sans protection, il ne dut son avancement qu'à son mérite : il fut tour à tour matelot, contre-maître, pilote, puis capitaine de vaisseau : chaque grade fut la récompense d'une action d'éclat. Ruyter posséda au plus haut degré le courage, le sang-froid et cette pénétration qui tient lieu d'une longue expérience.

Après avoir fait huit voyages aux Indes Occidentales et deux au Brésil, il devint, en 1641, contre-amiral. Il n'avait alors que trente-quatre ans. Il se couvrit de gloire dans une action maritime contre les Espagnols. Il combattit près de Salé, avec un vaisseau seulement, contre cinq navires algériens qu'il mit en fuite, et se distingua en mainte rencontre avec les Anglais.

Envoyé au secours des Danois contre les Suédois, il donna des marques d'une valeur si extraordinaire dans l'île de Fuenen, que le roi de Danemark lui accorda des titres de noblesse et une pension. Il châtia, en 1661, les pirates algériens et tunisiens, et conclut un traité avec ces derniers. Ruyter, ayant remporté une victoire importante sur les flottes réunies de France et d'Angleterre, fut promu aux grades de vice-amiral, puis de lieutenant-amiral général. Son habileté et son courage élevèrent le pavillon hollandais au rang de celui des premières nations maritimes, et ses succès se continuèrent jusqu'à sa mort, arrivée en 1676.

Ce fut dans un combat livré devant la ville d'Agouste, en Sicile, que ce héros fut tué d'un coup de canon. Son corps fut porté à Amsterdam, où les Etats généraux lui firent élever un magnifique monument. L'Espagne venait de lui confier le titre et les patentes de duc, qui n'arrivèrent qu'après sa mort.

SALVATOR ROSA. — Salvator Rosa naquit près de Naples, en 1615. Sa famille, quoique très pauvre, voulait le faire entrer dans les ordres ; mais son oncle, qui était peintre, devina sa vocation, et lui enseigna de bonne heure les principes de son art. Le père du jeune artiste, qui exerçait la profession de maître maçon, combattit tant qu'il fut en son pouvoir le goût de Salvator pour la peinture. Il le plaça chez les frères Somasques, où le jeune homme se fit remarquer par sa brillante intelligence et la vigueur de son esprit ; parvenu à la classe de philosophie il se dégoûta de l'obscurité que lui présentait cette science et refusa de continuer ses études.

Il s'adonna à la musique, à la poésie, et obtint des succès par sa vive imagination : plusieurs sonnets et cantates, qui ont été conservés, ne sont pas sans mérite. Il reprit ses pinceaux, travailla sous la direction de Francanzano, élève de Ribera, et fit des progrès rapides. Malgré ses travaux, Salvator était réduit à la plus profonde misère ; sa mère et sa sœur s'engagèrent comme servantes, et une autre de ses sœurs mourut de faim.

Lanfranc, artiste bolonais, retira enfin Salvator de cette situation pénible. Ayant par hasard vu dans une échoppe un tableau de Salvator Rosa, il en fit l'acquisition, et engagea le jeune peintre à venir à Rome ; il s'y rendit en effet, et se livra au travail avec tant d'ardeur, qu'il en fit une longue et pénible maladie. Rendu à la santé mais se trouvant de nouveau dans le plus affreux dénûment, il retourna dans sa patrie, et fut placé dans la maison d'un cardinal, qu'il suivit à Rome, à Bologne et à Viterbe.

L'esprit aventureux de Salvator Rosa le fit tremper dans la conjuration de Masaniello contre les Espagnols. Forcé de fuir, il fut persécuté par l'Inquisition, et ne trouva de repos qu'à Florence, où il mena une vie assez heureuse et indépendante. Après un séjour de dix ans, il voulut revoir la ville éternelle, où bien des haines l'attendaient et le persécutèrent de nouveau : il parvint cependant à exposer son *Catilina*, en 1663. Il mourut en 1673. Le musée du Louvre possède une bataille peinte par Salvator Rosa, laquelle passe à juste titre pour être son chef-d'œuvre : cette magnifique toile lui avait été commandée par Louis XIV.

Ce peintre, dont le caractère mobile et la vie errante ont causé tous les malheurs, avait une imagination fougueuse qui dénotait le génie : il était également graveur, et a laissé des eaux fortes très remarquables par leur manière large et colorée.

SHAKESPEARE. — William Shakespeare, né en 1564, à Stratford, comté de Warwick, était le fils d'un bailli peu fortuné et chargé de famille. Son père le destinait au commerce ; il lui fit apprendre à lire, à écrire et à compter. On suppose qu'on lui enseigna un peu de latin ; mais ce fut si peu, qu'il lui a été impossible de lire avec fruit les poëtes qui ont écrit en cette langue.

Shakespeare n'avait que seize ans lorsqu'il se maria avec la fille d'un riche fermier. Sa prodigalité, son goût naturel pour les plaisirs, lui firent dissiper la fortune de sa femme : réduit à l'indigence, il voulut faire ressource de son esprit et de ses talents : il devint auteur dramatique, et ses premiers débuts en ce genre furent prodigieux. Il était également acteur ; mais il paraît certain, d'après les mémoires du temps, que son mérite en ce genre était très faible.

Le théâtre anglais était alors dans son enfance ; on y représentait les farces les plus grossières. Shakespeare le tira de cette obscurité, et fit sortir la lumière du chaos. Il composa des pièces régulières qui excitèrent l'admiration : son nom vola de bouche en bouche ; la foule accourut, et bientôt il eut la satisfaction de faire sa fortune et celle de ses camarades. La reine Elisabeth le combla de bienfaits, et Jacques Ier en fit autant. Lord Southampton lui envoya des présents considérables, en l'honorant de son amitié.

Ce grand homme avait un noble caractère, et poussait la générosité et la bienfaisance jusqu'à l'excès. On raconte qu'ayant été voir, après une longue absence, une dame de sa connaissance, il la trouva en deuil de son mari, ruinée par un procès, réduite ainsi que ses trois filles à la plus profonde misère. Shakespeare, ému de ce spectacle, sortit sans rien dire, et revint bientôt avec une somme considérable qu'il les força d'accepter, en prononçant ces paroles remarquables : « C'est aujourd'hui pour la première fois que j'ai eu le désir d'être riche !... »

Loin d'éprouver de la jalousie contre les autres, le poëte anglais cherchait à encourager ses émules, montrant ainsi un véritable génie. Ayant appris qu'un jeune homme, nommé Benjamin Johnson, était rebuté par les acteurs, qui ne voulaient même pas entendre la lecture d'une pièce de théâtre qu'il avait faite, parce qu'il était pauvre et mal vêtu, réduit qu'il était à travailler comme aide maçon, Shakespeare voulut prendre connaissance de cette œuvre, l'approuva, la fit représenter, et protégea le jeune auteur, qui se fit un nom célèbre à côté du sien.

Ces traits peignent l'âme de Shakespeare : son talent fut inimitable ; plein de force, de naturel et de sublime, il montra dans ses œuvres un esprit d'observation très supérieur : malheureusement, des scènes grossières, quelquefois même absurdes, dénaturent ces chefs-d'œuvre de la scène anglaise. Ses pièces les plus remarquables sont : *Othello*, *Macbeth*, *Hamlet*, *Lear*, *Jules César*, *Henri IV*, *Richard III* et les *Femmes de Windsor*.

William Shakespeare quitta le théâtre, en 1610, pour se retirer à Stratford, lieu de sa naissance, où il mourut, en 1616, âgé de cinquante-deux ans, laissant trois filles remarquables par leur esprit et leur beauté.

SOBIESKI (Jean.) — C'est en 1629 que naquit Jean Sobieski, sur les confins de la Lithuanie et de la Pologne. Il reçut une brillante éducation et fut envoyé avec son frère pour visiter différents pays de l'Europe ; il vint en France, fut bien accueilli à la cour de Louis XIV et servit, dit-on, dans ses mousquetaires.

Jean Sobieski était à Constantinople quand il apprit la mort de Vadislas Wasa et la défaite de Pilawicz qui mit la Pologne si près de sa ruine. Jean et Marc Sobieski accoururent pour défendre leur patrie contre les Russes qui l'envahissaient : ils se battirent en désespérés, Marc fut tué et Jean, unique héritier d'un nom glorieux, fut nommé porte-enseigne de la couronne, puis enfin général de la cavalerie polonaise, en 1651. Il gagna la bataille de Beretesck et résista aux Suédois, en 1653.

Sobieski obtint la charge de grand maréchal et de grand général de la couronne. A la tête de vingt mille hommes, il fit face avec avantage aux attaques de plus de cent mille Tatars et Cosaques et les obligea à fuir en désordre.

La guerre civile ayant éclaté en Pologne, Mahomet IV voulut profiter de ces dissensions pour s'en emparer : il fondit sur cette malheureuse contrée avec une formidable armée. Sobieski le battit complétement, délivra quatre-vingt mille prisonniers, et, après avoir fait rompre un traité onéreux pour sa patrie, gagna la célèbre bataille de Choczim.

A la mort de Koribut, les Polonais choisirent Sobieski pour roi, sous le nom de Jean III. Il signa à Zurawno une paix glorieuse, en 1676. Sans prendre de repos, il courut secourir, avec vingt mille hommes seulement, l'empereur Léopold Ier, qui, à l'approche de trois cent mille Turcs commandés par le grand visir, venait d'abandonner Vienne, sa capitale. Sobieski arriva à marches forcées, et, comme ses soldats, dont la plupart manquaient d'uniformes, attiraient tous les regards par leur tenue martiale mais annonçant les privations et le dénûment, il dit aux officiers étrangers qui les considéraient : « Voyez ces braves, ils sont invincibles ; ils ont tous fait le serment de ne porter que les habits des ennemis vaincus. »

Le 12 septembre 1683, Vienne fut délivrée par le roi de Pologne, et les Musulmans se retirèrent honteusement. Cette action d'éclat mit le comble à la gloire de Sobieski, et, si l'invasion mahométane n'eût point été repoussée par ce triomphe, la chrétienté entière était menacée.

Léopold eut la faiblesse, par jalousie sans doute, de ne pas même remercier le héros polonais qui l'avait préservé, ainsi que ses sujets, d'une ruine certaine ; il ne lui adressa aucun éloge et ne prononça pas le mot reconnaissance. Sobieski, dont le caractère héroïque ne comprenait même pas ces puériles faiblesses, lui dit : « Mon frère, je suis aise de vous avoir rendu ce *petit* service. »

Sobieski fut surnommé le *grand*. Jamais la Pologne n'eut de héros plus brave, plus dévoué à sa gloire et plus digne du commandement. Il mourut en 1696, universellement regretté, à l'âge de soixante-sept ans.

Il protégait les arts et les sciences qu'il cultivait lui-même dans ses rares instants de loisir : il avait une vaste érudition et parlait presque toutes les langues de l'Europe.

TASSO (Torquato.) — Torquato Tasso naquit à Sorrente près de Naples, en 1544. Dès son enfance, il annonça un génie surprenant ; à six mois, il parlait couramment ; à trois ans, il étudiait la grammaire ; à quatre, il entrait au collége, et à sept, il savait le latin et entendait le grec : pour que rien ne manquât à l'extraordinaire dans cette enfance d'un des plus grands poëtes de l'Italie, à l'âge de neuf ans, Torquato fut condamné à mort parce que son père, secrétaire de Sanseverin, prince de Salerne, accompagna ce souverain avec toute sa famille, quand par ordre de Charles-Quint il fut chassé de ses Etats comme un rebelle.

Le père du Tasse, poursuivi par l'adversité, dut confier son fils à un ami qu'il avait à Rome, lequel, reconnaissant les dispositions étonnantes de ce jeune garçon, le fit étudier sous les meilleurs professeurs. Torquato apprit le droit à l'université de Padoue, puis la philosophie et même la théologie, et poussé par une impulsion irrésistible vers la poésie, il débuta par un poëme intitulé

Renaud; il avait alors dix-sept ans. Ce premier ouvrage lui acquit de la réputation et l'engagea à continuer malgré les avis de son père, qui, poëte lui-même, savait que les Muses conduisent rarement à la fortune.

A l'âge de vingt-deux ans, Tasso commença la *Jérusalem délivrée*, qu'il dédia à Alphonse de Ferrare. C'est logé dans le palais de ce prince qu'il composa les quatre premiers chants de ce travail. Le cardinal, frère du duc, étant venu en France, le Tasse, qui l'avait accompagné, fut accueilli avec honneur à la cour de Charles IX, où sa réputation l'avait précédé.

Au bout de huit ans, le poëte termina la *Jérusalem délivrée*, et dès lors sa renommée s'étendit dans tout l'Europe. On traduisit ce poëme en latin, en français, en espagnol, en turc, presque au moment où il parut, et Torquato, à trente ans, jouit d'une gloire que peu de poëtes ont eue pendant leur vie. Cette gloire, ce bonheur, furent troublés par un accident qui changea l'existence du Tasse.

S'étant pris de querelle avec un gentilhomme ferrarais qui avait compromis une grande dame par ses discours, Torquato se battit en duel avec lui ; mais, pendant le combat, les trois frères du gentilhomme survinrent et tous ensemble attaquèrent le poëte, qui courut le plus grand danger, mais qui, doué d'une rare valeur, mit deux de ses adversaires hors de combat et força les autres à fuir.

Cette aventure fit grand bruit, et le duc de Ferrare, pour satisfaire la famille des blessés et surtout pour se venger lui-même, car l'honneur de sa sœur se trouvait compromis, fit enfermer le poëte. Celui-ci, déjà porté à la mélancolie, se crut perdu et envisagea la mort sous mille faces. Il parvint à rompre ses fers et à se réfugier à Turin, où il croyait rester inconnu. Le duc de Savoie, ayant appris que ce poëte célèbre habitait ses Etats, lui fit le plus grand accueil, et le Tasse, pris d'une hallucination ressemblant à la folie, croyant qu'il n'était bien reçu que pour être livré à son ennemi, s'enfuit et se refugia à Rome dans la plus profonde misère.

Après avoir erré pendant quelque temps de ville en

ville, il fut rappelé à Ferrare. Le duc sembla lui rendre son amitié ; mais à la vérité les souffrances et le chagrin avaient affaibli la raison du poëte. On l'enferma dans un hôpital : cette réclusion acheva de lui troubler le cerveau. Alors commencèrent les persécutions de ses ennemis, qui attaquèrent sa gloire littéraire. Dans ses instants lucides, Torquato Tasso répondit avec un bon sens rare et confondit ses détracteurs ; enfin, après neuf ans de séquestration, on le rendit à la liberté à l'âge de quarante-deux ans. Il fit un court séjour à Mantoue, et partit pour Naples où il allait réclamer les biens de sa mère qui avaient été confisqués.

Le pape Clément VII, appréciant son génie, l'appela à Rome pour lui décerner la couronne de laurier et les honneurs du triomphe, en lui disant : « Je désire que vous honoriez la couronne de laurier qui a honoré jusqu'ici tous ceux qui l'ont portée. » Le malheur qui poursuivait le Tasse voulut que, lorsqu'il se préparait à partir, il tombât malade et qu'il mourût la veille même du jour fixé pour son triomphe, le 25 avril 1595.

TELL (**Guillaume**.) — Guillaume Tell naquit à Burghau en Suisse ; les historiens ne précisent pas vers quelle époque et ne donnent aucun détail sur sa jeunesse. Il apparaît seulement quand, voyant son pays opprimé par le farouche Gessler, il eut le courage de braver le tyran qui, dans son orgueil, voulait qu'on rendît à son chapeau, placé sur un pieu à la place publique d'Altorf, les honneurs qu'on lui rendait à lui-même.

Gessler, informé que Guillaume Tell avait méprisé ses ordres, bien plus, qu'il avait osé murmurer, le fit arrêter : mais, craignant que les nombreux amis du prisonnier ne tentassent de le délivrer, il voulut le conduire lui-même dans son château fort. Il le fit enchaîner et s'embarqua pour le mettre en lieu sûr ; mais, une tempête horrible menaçant de l'engloutir avec ses satellites, il ôta les fers de Guillaume dont il connaissait l'adresse et l'expérience pour diriger une embarcation. Le prisonnier conduisit habilement le bateau jusque près d'une roche, puis d'un saut s'y élança, abandonnant ainsi ses ennemis au milieu des ondes irritées. — Gessler échappa à la mort comme par miracle : mais il ne vécut pas longtemps, et, comme il passait dans un chemin creux, une flèche tirée par un bras exercé l'atteignit et le tua sur le coup. Tell délivra ainsi son pays d'un tyran, et la nation entière, se soulevant au cri de liberté, proclama son indépendance en se dégageant à jamais du joug autrichien.

On dit que Guillaume Tell assista, en 1319, à la bataille de Morgarten, et qu'il mourut, en 1354, étant alors receveur de l'église du bourg de Bringhen.

TITIEN (Le).— Vecelli, surnommé le Titien, naquit à Cadore dans le Frioul, en 1477. On a peu de détails sur son enfance et sa première jeunesse. Il peignit le portrait avec un rare talent, et acquit une telle renommée, que les rois et les principaux personnages du temps voulurent qu'il les représentât sur la toile.

Charles-Quint lui donnant un jour une séance pour son portrait, l'artiste laissa tomber son pinceau que l'empereur ne dédaigna pas de ramasser. Le Titien confus s'excusait de son mieux, quand le monarque lui dit : « Le Titien est digne d'être servi par César... »

Le même empereur répondit aux courtisans, qui semblaient devant lui ravaler l'artiste dont ils étaient jaloux : « Des ducs et des comtes comme vous, j'en ferai autant qu'il me plaira ; mais Dieu seul peut créer un homme comme le Titien. »

Vecelli occupait à Venise une maison splendide, où sa fortune lui permettait de recevoir les plus grands personnages. Son caractère doux, modeste, obligeant, le faisait rechercher autant que son talent, et ses vertus privées le rendaient respectable : il arriva sans infirmités jusqu'à l'âge de quatre-vingt-dix-neuf ans ; il mourut de la peste qui désolait la ville, en 1576.

Le Titien est un des plus grands peintres : il peignit le portrait et l'histoire avec un égal succès ; on peut lui reprocher d'avoir commis des anachronismes dans ses compositions, et de n'avoir pas assez étudié l'antique; mais il sera toujours considéré comme un des premiers coloristes.

VAN DYCK. — Van Dyck naquit à Anvers, en 1599. Placé fort jeune chez Rubens, il se perfectionna rapidement dans l'art de la peinture et devint le meilleur élève de ce maître.

On raconte qu'un soir Rubens étant sorti, ses élèves entrèrent tous furtivement dans son atelier, regardant avec une curiosité enfantine le tableau que le peintre avait laissé sur son chevalet. Un de ces étourdis, poussé par un autre jeune homme, trébucha, tomba sur la toile et effaça une figure et un bras que l'artiste venait de terminer. Tous les élèves, craignant une verte réprimande, veulent réparer l'accident : ils supplient Van Dyck d'essayer. Le jeune peintre prend son pinceau, sa palette, et le dégât disparaît ; mais chacun se retire en craignant que l'œil du maître n'aperçoive la différence. Quel fut l'étonnement de tous, quand Rubens, le lendemain, s'applaudit de son ouvrage, et loua en particulier ce qui avait été retouché par Van Dyck.

La vie de cet artiste est tout entière dans ses œuvres, et ne présente au biographe que peu d'événements remarquables. Van Dyck, élève de Rubens, eut un talent incontestable, mais n'égala jamais son maître dans la composition : il fit un grand nombre de tableaux d'église, dont un des principaux est celui ornant le maître-autel de la cathédrale de Courtrai. — Il excella surtout dans le portrait, ce qui lui fit acquérir une assez brillante fortune.

Sa réputation s'étant étendue, il voyagea en Italie, en France, puis en Angleterre, où Charles Ier le fixa par ses bienfaits. Il épousa la fille d'un lord et mena un train de prince ; pour suffire à ce faste, il dut travailler beaucoup, et, pressé par le temps, il termina moins ses tableaux, ce qui explique comment ses derniers ouvrages sont moins estimés que les premiers.

Les fatigues qu'un travail aussi forcé lui occasionna altérèrent sa santé. Van Dyck mourut en 1641, à peine âgé de quarante-deux ans. Bon dessinateur, habile coloriste, ce peintre est l'un des plus célèbres de l'école flamande.

VINCI (Léonard de). — Léonard de Vinci naquit à Florence, en 1452. Placé de bonne heure dans l'atelier d'André Verocchio, il fit de rapides progrès dans l'art de la peinture. Son intelligence était si grande, qu'il s'adonnait à la fois à plusieurs arts et y réussissait d'une façon remarquable: tour à tour peintre, sculpteur, architecte et musicien, il étudia les sciences et acquit de profondes connaissances en mathématiques, en physique et en philosophie : il cultiva aussi la littérature, la stratégie et la jurisprudence.

Cette merveilleuse facilité lui fit surpasser la plupart de ses contemporains ; il effaça son maître, André Verocchio, qui, de désespoir, renonça à la peinture. Léonard se rendit à Milan, en 1489, où il sculpta et fondit une immense statue équestre du duc François Sforce, qui malheureusement fut détruite en 1499.

Comme ingénieur et architecte, Léonard triompha de difficultés que l'on croyait insurmontables, en établissant la jonction du canal de Martesana avec celui du Tésin. Mais sa gloire comme peintre effaça tous ses autres talents ; la correction de son dessin, la beauté de son coloris, surpassèrent tout ce que l'on avait vu jusqu'alors, et son célèbre tableau de la *Cène* est un chef-d'œuvre.

Léonard de Vinci, humilié par la froideur que Léon X lui témoignait vers le déclin de sa vie, tandis que Michel-Ange, dont le génie extraordinaire était dans sa force jouissait de la plus haute faveur, se dégoûta du séjour de Rome. Il vint en France et reçut de François Ier un accueil des plus honorables. Logé par le roi dans le palais de Clou, à Amboise, il y resta jusqu'à sa mort, qui arriva en 1519. Le monarque, qui l'avait en grande estime, l'assista dans ses derniers moments et montra une vive douleur de l'avoir perdu.

Ce grand artiste a écrit un *Traité de peinture* qui prouve qu'il avait étudié en observateur profond les secrets de son art et qu'il était beaucoup plus avancé en géométrie et en physique qu'aucun des savants de son siècle. Le Poussin avait longtemps médité ce traité, et Annibal Carrache disait, en parlant de ce livre : « Quel dommage que je ne l'aie pas connu plus tôt! il m'aurait épargné plus de vingt années de travail. »

WALLACE (Guillaume). — Guillaume Wallace naquit vers 1276, il était le plus jeune des fils du chevalier Malcolm Wallace d'Ellerslie, l'une des plus nobles familles d'Ecosse. Il n'avait que 19 ans quand, insulté par le fils de Selby, gouverneur du fort de Dundée, il le provoqua en duel et le tua.

Edouard Ier, roi d'Angleterre, faisait alors peser sur les Ecossais le joug le plus dur et retenait leur roi Jean Baliol prisonnier. Wallace, poursuivi par ordre du gouverneur anglais, se réfugia dans les bois, et, à la tête de quelques proscrits, forcés comme lui à mener une vie errante, il conçut le hardi projet de délivrer sa patrie du joug de ses oppresseurs.

Wallace, doué d'une force athlétique, d'un courage et d'une patience extraordinaires, lutta avec avantage contre les troupes dix fois plus nombreuses que les siennes.

Bientôt ses succès augmentèrent tellement la confiance des Ecossais qu'ils coururent en foule sous ses drapeaux et le nommèrent vice-roi pour Baliol absent. Ormesby s'enfuit près d'Edouard qui résolut de châtier les rebelles en envoyant un corps de 4,000 hommes qui s'avança sous le commandement du comte de Warrenne. A l'approche de cette armée formidable beaucoup de barons écossais, secrètement jaloux de Wallace, abandonnèrent sa cause et renouvelèrent leur serment de fidélité au roi d'Angleterre ; le héros n'en livra pas moins bataille le 11 septembre 1297 et les Anglais furent complétement défaits.

Wallace à la tête de troupes qui se croyaient invincibles sous son commandement, reprit la ville de Berwick, envahit les comtés-nord de la Grande-Bretagne, mit tout à feu et à sang jusqu'au moment où Edouard, de retour de son expédition de France, rassembla une armée de 90,000 hommes qui rencontra les Ecossais à Falkirk, le 22 juillet 1298. Malgré des prodiges de valeur, Wallace fut vaincu, mais il continua à faire dans les montagnes une guerre de partisans qui affaiblissait l'armée anglaise et irritait tellement le roi Edouard qu'il résolut de s'emparer à tout prix de sa personne.

Wallace, trahi par Jean Monteith fut livré à ses ennemis et conduit à Londres chargé de chaînes. Le roi d'Angleterre le fit décapiter à Tower-Hill, le 23 août 1305. Ainsi périt ce grand homme dont le nom, synonyme de patriotisme et de courage est encore aujourd'hui populaire en Ecosse.

WASHINGTON. — Né en 1732, dans le comté de Fairfa, en Virginie, George Washington embrassa l'état militaire dès sa plus tendre jeunesse : il devint aide de camp du général Braddock et se distingua dans la guerre de 1754 entre les Français et les Anglais. Le général anglais ayant été tué dans une embuscade où il se jeta imprudemment, Washington, qui l'avait inutilement averti du danger, fit preuve de courage et de science militaire en parvenant à rejoindre avec ses troupes le colonel Dunbar qui commandait un autre corps d'armée.

S'étant retiré après la guerre avec le titre de major, Washington vivait paisiblement dans ses terres, qu'il cultivait, quand éclata la guerre dite de l'Indépendance, où les Provinces-Unies voulurent s'affranchir du joug de l'Angleterre. Il fut appelé au commandement en chef par les colons révoltés et commença le cours de ses succès à Wilmington. Il sut, durant cette longue guerre, temporiser comme Fabius, combattre et vaincre comme César : le plus brillant fait d'armes de Washington fut celui de 1781, où il força lord Cornwallis à mettre bas les armes avec toute son armée et à se rendre prisonnier.

Cette victoire amena la paix et assura l'indépendance des Etats-Unis.

Washington, élu président à l'unanimité, sut affermir par de sages lois la nouvelle puissance de la jeune Amérique. Il montra, dans l'exercice de ses fonctions, un zèle, un dévouement, qui ne l'empêchèrent pas d'être en butte à l'envie et à l'ingratitude de quelques mauvais citoyens. Mais la nation sut lui rendre justice, et le général législateur mérita l'éloge du grand Franklin, qui s'exprime ainsi en parlant de lui dans son testament : « Je lègue à George Washington, mon ami et l'ami de l'humanité, le bâton de pommier sauvage dont je me sers pour me promener : si ce bâton était un sceptre, il lui conviendrait de même. »

A l'expiration de sa magistrature en 1797, Washington quitta la première place de la République pour se retirer en Virginie et se livrer à l'agriculture. Il reçut avec une simplicité antique les hommages et les remercîments de ses concitoyens reconnaissants, et on lui conserva le commandement suprême des armées américaines.

Washington mourut en moins de vingt-quatre heures d'une inflammation à la gorge, en décembre 1799 : il était âgé de soixante-sept ans. Un de nos contemporains trace ainsi le portrait de ce grand homme : « Dans sa vie militaire et politique, la sagesse fut le trait dominant du caractère de Washington ; sa patience, sa tranquillité d'esprit, son courage réfléchi dans les revers comme dans la fortune, furent plus utiles à sa patrie que sa bravoure et ses talents... Le tempérament, l'âme et l'intelligence furent chez lui dans une harmonie soutenue et dans un rapport parfait avec sa carrière publique : inférieur à d'autres hommes illustres par l'étendue et la hardiesse de l'esprit, il les surpassa tous par la réunion de qualités et de talents rarement associés et surtout par un caractère presque sans imperfections. »